Jüdisch Jeck

Fastnacht und Purim – eine Annäherung

AF670385

Deutsches Fastnacht Museum

DFM

„jüdisch Jeck". Fastnacht und Purim – eine Annäherung
Sonderausstellung vom 14.03.2017 bis zum 12.07.2017
im Deutschen Fastnachtmuseum

Eine Kooperation des Deutschen Fastnachtmuseums Kitzingen
Daniela Sandner, Romana Wahner, Hans Driesel (Hg.)

mit dem Förderverein ehemalige Synagoge Kitzingen a. M. e.V.:
Margret Löther, (Hg.) Doris Frank und
Studierenden der Europäischen Ethnologie, Otto-Friedrich-Universität Bamberg im Rahmen der praxisbezogenen Übung „Narrischkajten" im WS 2016/17:
Tabea Deiters, Lavinia Eifler, Johanna Koberstein, Ryan McDaniel, Alexander Pinsky, Hellen Santana Silva, Denise Schaider, Elisabeth Schmidt, Sandra Weigel

Projektförderung:
Unterfränkische Kulturstiftung des Bezirk Unterfranken
Stadt Kitzingen
Licht-, Kraft- und Wasserwerke Kitzingen GmbH.

Unterstützung des Begleitprogramms:
Sparkasse Mainfranken Würzburg
VR Bank Kitzingen eG.

Unterstützung des Begleitbandes:
Dr. Andreas Fallscheer-Schlegel, Reutlingen.

Schirmherrin:
Dr. h.c. Charlotte Knobloch,
Präsidentin der Israelitischen Kultusgemeinde München und Oberbayern

Layout: Ricarda A. Truchseß

Die Sonderausstellung steht nach Ablauf als Wanderausstellung/Leihgabe zur Verfügung.

Alle Rechte vorbehalten.
Kitzingen, 2017.

„jüdisch jeck“

Fastnacht und Purim – eine Annäherung

Sonderausstellung vom 14.03.2017 bis zum 12.07.2017
im Deutschen Fastnachtmuseum

Herausgegeben von
Daniela Sandner, Romana Wahner,
Hans Driesel, Margret Löther

Inhaltsverzeichnis

FSC
www.fsc.org
MIX
Papier aus verantwortungsvollen Quellen
Paper from responsible sources
FSC® C105338

Vorwort

von Margret Löther

Auf Pieter Bruegels berühmtem Fastnachtsbild von 1559 begegnen sich die ernste „Frau Fasten“ mit dem ganz gegensätzlich gearteten „Junker Karneval“ – in Kitzingen konzipieren 2016/17 das Deutsche Fastnachtmuseum und der Förderverein ehemalige Synagoge Kitzingen, zwei sehr unterschiedliche Institutionen, unter dem Titel „Jüdisch jeck. Fastnacht und Purim – eine Annäherung“ eine gemeinsame Ausstellung!?

„Narischkajten“ (jiddisch), die der Klärung bedürfen...

Auf die thematische Spur brachten uns der winzige Altenschönbacher Genisa-Fund eines „Jüdischen Eulenspiegels“, die Renaissance des sprichwörtlichen „Jüdischen Witz und Humor“ in zahlreichen neuen Publikationen, ein entzückendes Photo aus Mainstockheim, das jüdische Kinder um 1930 in Purim-Kostümen zeigt und das erschütternde eines Kölner Karnevalswagens aus der Zeit des Nationalsozialismus, auf dem „dem Juden“ grausam der Garaus gemacht wird.

Im Deutschen Fastnachtmuseum harrten schon lange die traditionellen Holzmasken der „Rhöner Jüden“, das Wissen um jüdische Beteiligung bei römischen und venezianischen Karnevalsumzüge und ein prachtvoller Orden des einzigen jüdischen Karnevalsvereins nebst den Biographien etlicher jüdischer Karnevalisten ihrer Entdeckung und Publizierung entgegen...

Fastnacht und Purim, das jüdische „Fest der Lose“, begegneten sich möglicherweise bereits im venezianischen Karneval des 16. Jahrhunderts. Beide sind Freudenfeste mit Verkleidungen, scherz–

haften Spielen, charakteristischer Geräuschkulisse, Festgebäck und Berauschung – wenn auch mit unterschiedlichen Hintergründen.

An Purim wird die Rettung des jüdischen Volkes vor der persischen Übermacht durch „die schlaue Esther“ gefeiert.

Dass dieses volkstümlich begangene jüdische Fest auch in den neu entstehenden deutschen jüdischen Gemeinden in der Nachkriegszeit weiter und wieder gepflegt wurde, entging der bundesrepublikanischen Mehrheitsgesellschaft.

Es ist wohl vor allem der Sammlertätigkeit der jungen jüdischen Museen zu verdanken, dass mit den historischen Purim-Objekten – Ratschen, Klappern, Esther-Rollen, Photographien – ein Aspekt der jüdisch-deutschen Festkultur in Vergangenheit und Gegenwart vor dem Vergessen bewahrt werden kann.

Über das „Purimfest 1948“ fand die Ausstellung „Jüdisch jeck“ auch ihre Schirmherrin, Frau Dr. Charlotte Knobloch, Präsidentin der Israelitischen Kultusgemeinde München und Oberbayern. Wie Frau Dr. Knobloch kürzlich in einem Interview mit der ZEIT erzählte, begegnete sie dort beim Tanz ihrem späteren Ehemann zum ersten Mal...

Jecke Jeckes

Zur Bedeutung der Bezeichnung „Jecke“

von Romana Wahner

Der Begriff „Jecke“ bezeichnet die deutschen Juden, die in den 1930er Jahren, vor den europäischen Repressionen fliehend, nach Palästina ausgewandert sind. Es gibt verschiedene Theorien für die Herkunft dieser Bezeichnung. Die Erste besagt, dass sich diese tatsächlich vom rheinischen Wort „jeck“ ableite. Dies bedeutet „närrisch“ und soll in Israel als Spottwort für den übereifrigen und überkorrekten deutschen Juden verstanden werden. Eine zweite Theorie besagt, dass es sich hierbei um die Verfälschung des deutschen Wortes „Jacke“ handle. Denn die deutschen Juden lehnten es scheinbar ab, den traditionellen Kaftan oder Rock der orthodoxen Juden in ihrer neuen Heimat zu tragen. Stattdessen trugen sie weiter ihre deutsche Tracht mit Hose und Jacke. Selbst bei körperlichen Anstrengungen blieb die förmliche Jacke angezogen, wofür sie viel Spott ernteten. Deutsche Juden wurden meist als unpassend gekleidet beschrieben, da sowohl Frauen und Männer zu vornehm bekleidet waren. Eine dritte Theorie vermutet, dass sich hinter dem Begriff „Jecke“ ein Akronym für „Jehudi Kshe Havana“ („geistloser Jude“) verbirgt. Alle drei Theorien lassen erkennen, dass der Begriff „Jecke“ negativ konnotiert war. Die „Jeckes“ waren als legalistisch, förmlich, überpünktlich, aber zugleich als diszipliniert und kultiviert bekannt. Man machte sich über ihre vermeintlich kleinliche Art lustig und es herrschte das Vorurteil, dass sie beschränkt und humorlos wären. So entstanden viele Witze auf Kosten der „Jecke“[1], wie beispielsweise folgender Witz:

> *„Ein junger Israeli hört von weitem auf einer Baustelle ein psalmodierendes Geräusch. Neugierig tritt er näher. Da steht eine Reihe halbnackter, rotgebrannter Männer, sie reichen sich Ziegelsteine zu und murmeln: „Bitte schön, Herr Doktor!“ – „Danke schön, Herr Staatsanwalt!“ – „Bitte schön, Herr Professor!“ – „Danke schön, Herr Justizrat!“* [2]

In Israel mussten deutsche Juden nach ihrer Ankunft meist niedere Arbeiten tätigen und konnten ihren einstigen Beruf nicht weiter ausüben. Die Einwanderer wollten aber ihren gewohnten europäischen Lebensstandard auch in der neuen Heimat beibehalten. Sie brachten eine europäische Urbanität nach Israel. Dazu zählten Statussymbole wie Autos, Kunstwerke und neueste Technik. Die „Jeckes“ hatten darüber hinaus auch höhere Ansprüche an grundlegende Bedürfnisse, wie Hygiene und das Gesundheitswesen. Denn in Palästina gab es in den 1930er Jahren kaum moderne Einrichtungen dieser Art. Obwohl die „Jeckes“ von den Einheimischen kritisch beäugt wurden, hielten sie an ihrer ‚andersartigen‘ deutsch-jüdischen Identität fest. Die offensichtliche Weigerung, sich anzupassen, wurde von außen stark kritisiert. Doch die emotionale Bindung der „Jeckes“ an Deutschland blieb auch in ihrer neuen Heimat bestehen. Entgegen allen Vorurteilen und den damit einhergehenden Diskriminierungen zum Trotz leisteten die deutschen Juden einen großen und wichtigen Beitrag für die Entwicklung eines modernen Israel. So orientierte es sich, wirtschaftlich und politisch, mehr und mehr an der westlichen Welt. Der einstige Negativbegriff „Jecke“ ist heute positiv konnotiert. Deutsche Juden bezeichnen sich nun selbst so, voller Stolz. Die vermeintliche Überkorrektheit wird nun, im Sinne von Verlässlichkeit und Diszipliniertheit, positiv bewertet. Denn Handwerker in Israel, egal welcher Herkunft, bezeichnen sich heute gerne als „Jecke“. Dies bedeutet, dass sie verlässliche und genaue Arbeit leisten.[3]

1 Greif, Gideon; McPherson; Weinbaum, Laurence (Hg.) (2000): Die Jeckes. Deutsche Juden aus Israel erzählen. Köln [u.a.]. Böhlau. S. 1ff.

2 http://www.segne-israel.de/dokumente/witze.htm [28.02.2017].

3 Greif [u.a.] (2000). S. 3ff.

Purim und Fastnacht

Abendvortrag anlässlich der Ausstellungseröffnung am 12.03.2017

von Günter Schenk

Meine Damen und Herren, Guten Abend und – wie es dem heutigen Abend gebührt – Schalom!

Was haben Purim und Fastnacht gemeinsam? Ein jüdischer Brauch mit einem inzwischen in vielen Teilen der Welt gefeierten Fest, das Millionen Menschen vor Beginn der österlichen Fastenzeit – für ein paar Stunden, Tage oder gar Wochen – miteinander vereint. Das in seinen postmodernen Formen die Bindung an diese Zeit allerdings immer mehr zu verlieren scheint und so längst auch Rosenmontagszüge im Mai möglich macht. Ein Unding eigentlich. Aber auch eine Tatsache, die jedem von uns vor Augen führt, wie kulturelle Demenz in unserer Gesellschaft heute aussieht.

Was also, meine Damen und Herren, haben Purim und Fastnacht gemeinsam? Was rechtfertigt eine Ausstellung über **jüdische** Traditionen in einem **Deutschen** Fastnachtmuseum? Ist es der Zeitgeist – oder der Versuch, in einer globalisierten Welt kulturelle Unterschiede einzuebnen? Oder ist es ein ambitioniertes Museumsprojekt, zwei scheinbar ganz unterschiedliche Manifestationen kulturellen Lebens auf gemeinsame Wurzeln abzuklopfen?

Ich selbst habe das Purim-Fest vor einigen Jahrzehnten in Israel kennengelernt – zusammen mit dem Volkskundler oder, wie man heute sagt, Kulturanthropologen Professor Herbert Schwedt, der nicht nur die Mainzer Fastnacht empirisch unter die wissenschaftliche Lupe genommen hat, sondern auch Kostüme und Masken der schwäbisch-alemannischen Fasnacht.

Höhepunkt unserer gemeinsamen Reise war die Einladung zu einer Purim-Feier in einer streng orthodoxen jüdischen Gemeinde. Kein Wort habe ich dort verstanden. Trotzdem hat mir der Abend vor Augen geführt, wie gemeinschaftsstiftend und identitätsfördernd närrische Feste sein können. In der Synagoge wurde nämlich nicht nur **lustig**, sondern vor allem **lustvoll** gefeiert. Immer wieder gab es spontane, aus dem Stegreif gehaltene kurze und launige Reden und gemeinsam gesungene Lieder – so ähnlich, meine Damen und Herren, ging es übrigens auch in den ersten Tagen des organisierten Karnevals vor knapp 200 Jahren bei uns zu, in den ersten närrischen „Generalversammlungen“, wie die Karnevalssitzungen damals hießen.

Ich hätte diesen Abend, wie viele andere närrische Bräuche auch, gern mit der Fotokamera dokumentiert und festgehalten, aber allein die Frage danach stellte sich mir damals nicht. Schließlich haben auch Bräuche Respekt verdient! Geblieben sind so nur die Bilder im Kopf, die meine Vorstellung von dem, was Fastnacht, Fasching oder Karneval eigentlich ist, entscheidend geprägt haben. In dieser orthodoxen Gemeinde in Israel ist mir erstmals auch richtig bewusst geworden, wie Sprache und nationale Identitäten hinter wirkmächtigen Ritualen und Traditionen verblassen.

Purim und Fastnacht, meine Damen und Herren, ahnen Sie spätestens jetzt, haben vieles gemeinsam. Werfen wir deshalb zusammen einen Blick auf die beiden Feste und ihre Geschichte.

Im Jahr 1530 beschrieb ein zum Christentum konvertierter Autor das Purim-Fest, wie es damals in deutschen Landen von den Juden gefeiert wurde, wie folgt: „Danach haben die Juden am 14.

tag hornung – das ist die alte Bezeichnung für den Monat Februar – ein Fastnachtsfest, das sie Purim heißen. Den Tag davor wird gefastet. Kein Volk ist so lustig und ausgelassen wie die Juden an diesem Fest. Sie spielen, essen und trinken im Übermaß, schlüpfen in andere Kleidung, machen Sprüche und sind viel närrischer als die Christen an ihrer Fastnacht. Außerdem machen sie viele süße und seltsame Speisen."

Und weiter heißt es in diesem Bericht aus dem 16. Jahrhundert: „Wer nach der Ursache dieses Festes sucht, findet sie im Buch Ester. Und die Jungen fertigen hölzerne Klappern und wie wir am Karfreitag den Judas beschimpfen, lärmen sie mit ihren Klappern bei der Erwähnung des Namens Haman".

Anno 1603 schreibt ein anderer Autor über die Purim feiernden Juden: „Sie tun also nichts anderes die zwei Tage als Fressen, Saufen, Spielen, Tanzen, Pfeiffen, Singen, Reimen und Sprüche klopfen. Die Frauen verkleiden sich als Männer, die Männer schlüpfen in Weibskleider. Und obwohl das ausdrücklich im Gesetz verboten ist, schreiben sie, das sei keine Sünde, weil man es nur weltlicher Freude und Kurzweil wegen tue".

Ich habe diese Beschreibungen des Purimfestes, die ich in die Sprache von heute übertragen habe, ausgesucht, damit sie einen Eindruck bekommen, wie Christen das Purimfest der Juden einst wahrgenommen haben – und welche Gemeinsamkeiten die beiden Feste schon damals hatten. Denn auch die Fastnacht – der das Konzil von Benevent 1091 mit der Neuterminierung des Aschermittwochs und der damit verbundenen Festlegung der österlichen Fastenzeit den Boden bereitet hatte – war ein Fest der Völlerei, bei dem die in der Fastenzeit nicht mehr erlaubten Speisen wie Fleisch, Fett oder Eier aufgebraucht werden mussten.

Jahrhunderte jedenfalls feierte man so Fastnacht, in kleiner oder größerer Gemeinschaft – bis das Fest Anfang des 19. Jahrhunderts, im Zug der Neuordnung Europas, der Aufklärung und den mit ihr einhergehenden Moralvorstellungen, in Verruf geriet. Zügellosigkeit und Suff passten nicht in die Welt der neuen Bildungsbürger, aus deren Reihen 1823 die Fastnacht schließlich in Köln grundlegend reformiert wurde. „Festordnendes Komitee" nannten sich die Reformer bewusst, die mit dem Rosenmontags-

Purim-Feierlichkeiten „La Fete de Purim" in der portugiesischen Synagoge, Balthasar Bernaerts, um 1730.

zug einen neuen Fixpunkt für allen Mummenschanz schufen und der Narretei ein neues Gesicht gaben. Wie das **heute** aussieht, muß ich Ihnen hier im Saal sicher nicht länger erklären.

Schauen wir lieber auf das Purimfest, von dem die meisten von Ihnen bisher wenig oder vielleicht noch gar nichts gehört haben. Im alten jüdischen Jahreszyklus markierte es den letzten Kalendermonat, gefolgt vom ersten Frühlingsmonat. Kalendarisch, das ist die erste Botschaft der Gemeinsamkeiten zwischen Fastnacht und Purim, korrespondieren also beide Feste miteinander. Und wie die Fastnacht hat auch Purim kulturelle Ahnen. Wissenschaftler erinnern in diesem Zusammenhang gern an das babylonische Neujahrsfest und verweisen darauf, dass Mordechai und Esther – also die biblischen Helden des Purimfestes – den babylonischen Göttern Marduk und Ischtar entsprechen. Andere Forscher wollen Purim von einem persischen Fest herleiten, bei dem ebenfalls viel gegessen und getrunken wurde.

Wie auch immer: Erstmals Erwähnung jedenfalls findet Purim im sogenannten zweiten Buch der Makkabäer. Einem Teil der Bibel, der ein halbes Jahrhundert vor Beginn unserer heutigen Zeitrechnung entstand. Damals hieß das Fest noch **Mordechai-Tag** und erinnerte damit an Esthers Vormund Mordechai, der wie Esther am Hof des Perserkönigs Ahasveros gelebt haben soll. Soll, sage ich, denn historisch belegt ist allenfalls, dass im 5. Jahrhundert vor Christus ein König namens Xerxes in der persischen Stadt Susa regierte. Dieser König soll nach jüdischem Verständnis Ahasveros gewesen sein.

Alles andere, meine Damen und Herren, ist biblische Legende – festgehalten im sogenannten Buch Ester. In seinem Mittelpunkt steht Esther: ein jüdisches Waisenkind, das bei ihrem Vetter Mordechai aufwächst und ihrer Schönheit und Anmut wegen schließlich von Ahasveros geheiratet wird.

Mordechais Gegenspieler ist Haman, der oberste Regierungsbeamte am Königshof. Ein gnadenloser und selbstsüchtiger Egoist. Als Mordechai ihm bei einem Festmahl die bei Hof übliche Verbeugung verweigert, ruft der gekränkte Haman zur Tötung aller Juden im persischen Reich auf – und bestimmt den Termin für die Bluttat, den 13. Adar – wie der letzte Monat im jüdischen

Auf dem Pilsener Purim in Prag. Nach einer Originalskizze.

Straßenszene „Auf dem Pilsener Purim in Prag", Grafik in der Illustrierten Zeitung, 1861.

Jahr damals hieß. Festgelegt wurde dieses Datum übrigens durch einen Losentscheid, was hebräisch „pur“ oder im Plural „purim“ heißt und dem Fest seinen heutigen Namen gegeben hat. Als Retter in der Not erweist sich schließlich Esther, die Hamans Mordpläne dem König verrät und ihn umstimmen kann. Gesprächsergebnis: Statt Mordechai soll Haman hängen, aus dem geplanten Völkermord an den Juden wird so ein Massenmord an ihren Feinden, ein biblisches Gemetzel.

Zum Dank für die Errettung seines Volkes soll Mordechai das Purimfest gestiftet haben. Und weil in Susa, der von Mauern umgebenen persischen Residenzstadt, das Gemetzel einen Tag länger dauerte, feiern die Juden in der von einer Jahrtausende alten Mauer umgebenen Stadt Jerusalem das Purimfest traditionell ebenfalls einen Tag später. In Hebron, Haifa, Cäsarea, Tiberias, Gaza und anderen Gemeinden, wo sich die Schriftgelehrten bis heute streiten, wie alt die Mauern dieser Städte wirklich sind, wird aus diesem Grund übrigens heute gleich an beiden Tagen in den jüdischen Gemeinden aus dem Buch Esther gelesen.

Das, meine Damen und Herren, zur Geschichte des Purimfestes. Schauen wir jetzt aber auf die Praxis des Festes, dessen Gestaltung ebenfalls auf Mordechai zurückgehen soll. Essen, Trinken und Fröhlichsein erinnern so seit Jahrtausenden einmal im Jahr an die Rettung des jüdischen Volkes. Auch der Brauch, Freunden und Familienmitgliedern zu Purim etwas zu schenken. Ursprünglich wurden diese Geschenke in prunkvollen Behältern überreicht, heute in schönen Schachteln oder großen Geschenkkörben. Wenn immer möglich, soll man die Purimgaben persönlich überreichen. Trifft man den Empfänger des Geschenkes allerdings nicht an, darf man das Geschenk nicht wie ein Paketversender beim Nachbarn oder sonstwo abgeben. In diesem Fall überreicht man es einem Fremden – oder ersatzweise dem Rabbi oder

Lehrer. Geschenke dürfen übrigens erst nach der Lesung aus dem Buch Esther ausgetauscht werden. Das war bei uns Christen übrigens auch einmal zu Weihnachten so, als man erst nach dem Weihnachtsgottesdient am Morgen des 25.Dezember bescherte, nicht schon wie heute am Vorabend, dem sogenannten Heiligen Abend.

Was aber schenkt man, werden Sie jetzt fragen, und was soll das am besten sein? Nun: Nach jüdischem Verständnis muss es immer etwas zu essen sein, wenn möglich etwas Frisches, was sofort verzehrt werden kann. Und wie bei uns zu Fastnacht ist das vor allem Gebäck – selbstgemachtes, wenn es geht. Traditionelle Festgabe in Israel sind sogenannte Hamantaschen: Mit Mohn oder Marmelade gefüllte Dreiecke aus Mürbeteig. Außerdem gibt es die sogenannten Hamanohren, ebenfalls ein Festgebäck,

Holzschnitt mit Narrendarstellung, Prag 1703. Jüdisches Kulturmuseum Veitshöchheim.

das an die Zeiten erinnert, in denen Bösewichten die Ohren abgeschnitten wurden, ehe sie am Galgen endeten.

Auf den Bestsellerlisten der Getränke, die zu Purim verschenkt werden, rangiert ganz oben der Wein – und in den letzten Jahren zunehmend auch Wodka. Diese Geschenke übrigens sind immer wieder in der Purim-Geschichte erwähnt, auch in der deutschen – so wie im Jahr 1734, als ein Festteilnehmer eine geräucherte Rindszunge, drei Pfefferkörner und eingemachten Ingwer verschenkte – allesamt Dinge, die damals viel Geld kosteten und klar machten, welche Wertschätzung man dem anderen gegenüber damit zum Ausdruck brachte.

Neben dem Verschenken von Speisen und Getränken gehört zum Purimfest die Gabe von Almosen an mindestens zwei Bedürftige. Naturalien, Kleidung oder Geld können das sein – aber auch ein auf das Purim-Fest datierter Scheck, der mindestens zwei Personen ein kleines Essen erlaubt. Früher suchte sich jeder Gläubige die arme Familie selbst aus, heute nehmen die jüdischen Gemeinden ihnen diese Auswahl oft ab, indem sie das Geld auf Konten sammeln, die Notleidenden zugute kommen. An dieser Stelle, meine Damen und Herren, erinnere ich gern daran, dass diese soziale Dimension eigentlich auch zum organisierten Karneval gehört. So hatten sich die ersten Karnevalisten bei der Reform des Festes Anfang des 19. Jahrhunderts in allen rheinischen Hochburgen ausdrücklich verpflichtet, alle Überschüsse des Festes an die Armen abzuführen und damit die soziale und gemeinnützige Dimension des Festes unterstrichen.

Doch zurück zu Purim, in dessen Mittelpunkt bis heute die Lesungen aus dem Buch Esther stehen. Wie wichtig die Geschichte um Esther ist, macht auch die Tatsache deutlich, dass im Gottesdienst zum Purimfest eine eigene „megilla“, also eine eigene

Textrolle, Verwendung findet. Im Lauf der Zeit jedenfalls ist die Lesung aus dem Buch Esther immer närrischer geworden. So verdichten sich ab dem 15. Jahrhundert die Belege für immer neue Bräuche im Umfeld der Lesung aus dem Buch Esther. Einer war und ist, auf den Namen Haman mit Stampfen, Lärmen oder Holzklappern zu reagieren – den Bösewicht sozusagen akustisch

Die Faßnacht oder das Spiel-Fest. Aus: Paul Christian Kirchner, Jüdisches Ceremoniel, Nürnberg: Peter Conrad Monath 1734, Kupferstich, Jüdisches Museum Berlin. Foto: Jens Ziehe.

auszulöschen. „Wenn Haman genannt wird", - heißt es etwa im frühen 18.Jahrhundert aus einer jüdischen Gemeinde in Frankfurt – „machen Jung und Alt ein großes Geräusch, stampfen mit den Füßen, schlagen wohl auch mit Steinen oder hölzernen Klöppeln und Hämmern auf Stühle und Bänke". Mitte des 18. Jahrhunderts kamen Klappern in Mode, wie sie bei den Katholiken zwischen Gründonnerstag und Ostersamstag bis heute das Glockengeläut ersetzen.

Kein Wunder, dass die Rabbiner angesichts dieser Lärm- und Gewaltausbrüche um ihr Kirchenmobiliar fürchteten und die Jugend aufforderten, nicht mehr als zweimal im Gottesdienst gegen Haman anzuklopfen. Ohne Erfolg übrigens, wie unsere Frankfurter Quelle belegt. Die Jugend habe sich nicht an die Aufforderung gehalten, heißt es dort, sondern – ich zitiere – viermal geklopft, „und zwar jedesmal fast eine halbe Viertel Stunde, mit unbeschreiblichem Lärm, als wollten sie Haman den Kopf zerschlagen". Das ist übrigens auch der Grund, dass die Lesung aus dem Buch Esther oft doppelt so lange dauerte als der reine Textvortrag.

Der Lärm und die in vielen Gemeinden offenbar überbordende Ausgelassenheit hatten ihren Grund in einer weiteren Purim-Regel. Um den fröhlichen Charakter des Festes zu unterstreichen, findet sich dort nämlich die Aufforderung, sich einmal im Jahr zu Purim zu betrinken, so dass man nicht mehr – ich zitiere – zwischen „Verflucht sei Hamann" und „Gesegnet sei Mordachai" unterscheiden könne. Keine Aufforderung zum Massensuff ist das, aber ein Hinweis, dass an diesem Festtag Bauch und Kopf nicht unbedingt im Einklang stehen müssen. Unter Rabbinern jedenfalls ist dieses religiöse Gebot bis heute heiß diskutiert. So empfehlen viele Rabbiner, nur soviel zu trinken, bis man in den

Schlaf falle, wo sich die Grenzen des Bewußtseins dann ohnehin verwischen würden.

Zurück zur Festgeschichte aber, meine Damen und Herren. Zu den Gemeinsamkeiten zwischen Purim und Karneval, zu kulturellen Entwicklungen und Moden. So spielten und spielen etwa venezianische Kostüme in beiden Festen eine Rolle. Und auch die organisierte Karnevalisierung der Fastnacht hat im Purimfest ihren Niederschlag gefunden – freilich erst ein knappes Jahrhundert später als in Europa.

So gab es 1908 in der Hafenstadt Jaffa, aus der 1950 die Stadt Tel Aviv hervorgehen sollte, den ersten Kostümball. Vier Jahre später initiierte ein Lehrer in Herzlia, 15 Kilometer nördlich von

Purimteller, Ansicht (Stadt) und Ornament, 1751. Museen der Stadt Miltenberg.

Tel Aviv am Mittelmeer gelegen, den ersten größeren Karnevalsumzug. Bis dahin zogen die Feiernden zu Purim allenfalls von Haus zu Haus, trugen Lieder vor und sammelten Geld – ein Brauch, den die Juden übrigens heute noch als „Schnorr" bezeichnen und den wir in unserer Fastnacht als „schnorren" kennen.

Ende der 1920er Jahre wurde Purim schließlich zum nationalen Event. Immer größer wurden die Festwagen, deren schönste mit Preisen bedacht wurden. Mit über 100 Festwagen erreichte der Umzug in Tel Aviv 1934 schließlich die Ausmaße der Rosenmontagszüge am Rhein. Und wie die Rosenmontagszüge waren auch die Purim-Umzüge zum Teil politische Demonstrationen. Während man in Mainz oder Köln Mitte der 1930er Jahren im Karneval Juden beleidigte und jedem Andersdenkenden KZ-Haft androhte, tauchte Hitler 1933 als Marionette im närrischen Umzug in Tel Aviv auf. Als der deutsche Konsul in Jerusalem vom Tel Aviver Bürgermeister eine Entschuldigung verlangte, antwortete der ihm, Purim sei eine Bühne öffentlicher Meinung, ein institutionalisiertes Forum der Gedankenfreiheit.

Was Köln für den rheinischen Karneval, wurde Tel Aviv so für das Purimfest. Zu zehntausenden kamen die Besucher in den 1930er Jahren in die Stadt. In Esther manifestierte sich der neue nationale Stolz, verkörpert in bis zu 30 Meter hohen Figuren. Andererseits aber wurde das Purimfest immer mehr reguliert, öffentliche Besäufnisse ebenso verboten wie Kleidertausch und Kritik an der jüdischen Obrigkeit. Ab 1936 aber war für diesen gigantischen jüdischen Mummenschanz kein Geld mehr da, es fanden erst nach 1955 wieder Umzüge im neuen Staat Israel statt.

Inzwischen ist Purim – oder Adloyada, wie der großstädtische jüdische Karneval heute heißt – wieder die größte Demonstration israelischer Lebensfreude. Kleine und größere Umzüge bestimmen dann das Bild, vor allem aber Party ohne Ende wie im weltlichen Tel Aviv, wo das Fest längst zum Event geworden ist und in seiner Erscheinung – etwa als nächtlicher Zombie Walk – heute mehr an Halloween als an unsere Fastnacht erinnert. Ganz anders ist das Purimbild in Jerusalem, wo man sich der Tradition des Festes viel stärker bewusst ist und zahlreiche Museen dabei helfen, die alten Bräuche zu pflegen. In Kursen lernen die Menschen dort, fastnächtliche Kostüme zu schneidern und Masken zu basteln. Denn schon im späten Mittelalter gehörte die Maskierung zum festen Bestandteil des Purimfestes, schlüpften Frauen in Männerkleider und Männer in Frauenkleidung.

Genau dieser Rollentausch, den wir ja auch aus unserer Fastnacht kennen, aber macht bis heute klar, dass auch Purim eine Art verkehrte Welt repräsentiert, in der für eine begrenzte und klar definierte Zeit die Welt Kopf steht. Und so wie einst die Knaben- oder Kinderbischöfe bei uns zu Nikolaus oder dem Fest der Unschuldigen Kinder regierten, waren es die Schüler an den Jüdischen Hochschulen, die jährlich ihren Purim-König ernannten. Einen ganzen Tag lang war es ihm gestattet, die Rabbiner zu kritisieren. Und sogar Gotteslästerliches wurde an diesem Tag toleriert. Närrisches Rügerecht war das, wie es auch zum Kern unserer Fastnacht gehört und im politisch-literarischen Karneval wie in meiner Heimatstadt Mainz seine aktuellste Form gefunden hat.

Purim und Fastnacht, das haben Sie vielleicht inzwischen schon gemerkt, haben offensichtlich mehr Gemeinsames als Trennendes. Jedes Jahr zu Purim oder Fastnacht lassen wir zudem **Altes** hinter uns – auch wenn es meist nur ein Jahr im Kalender ist. Vor allem aber lassen wir uns auch auf **etwas Neues** ein – und auch das ist mindestens ein neuer Jahresabschnitt. So betrachtet

Nahaufnahme Purimvitrine.

sind Purim und Fastnacht für mich Feste kosmischer Erneuerung. Beste Gelegenheit, für eine begrenzte Zeit den Alltag einmal hinter sich zu lassen – und in der Begegnung mit anderen zu erfahren, was es eigentlich heißt, Mensch zu sein. Nur so – im gemeinsamen Feiern, das uns übrigens als einziges gravierend vom Tier unterscheidet – wird klar, dass wir soziale Wesen sind.

Ich wünsche mir, dass wir gerade diesen Blick auf Purim und Fastnacht nicht verlieren. Dass wir im närrischen Spiel mehr sehen als eine Party unter vielen. Dass angesichts allen Mummenschanzes jedem von uns klar wird: Wir alle sind nur Menschen,

Junge und Alte, Arme und Reiche, Männer und Frauen, Kinder und Greise. Das befreiende Lachen im gemeinsamen Erleben und das erst Identität stiftende gemeinsame Erinnern ist es, das Fastnacht und Purim ihren tieferen Sinn geben.

Und noch etwas führen diese Feste, die im Jahreslauf fest verankert sind und alle einen Anfang und ein Ende haben, uns Jahr für Jahr vor Augen: **Wir alle sind endlich, es gibt kein ewiges Leben**. Das ist die Botschaft der närrischen Zeiten – und dabei spielt es keine Rolle, ob wir als Juden, Christen, Muslime oder Buddhisten feiern. Jedem steht das närrische Spiel offen. Man muss sich nur darauf einlassen und die Spielregeln einhalten. Ganz einfache sind das übrigens: Es ist das **DU**, das hier zählt, aus dem sich im Bestfall ein einziges **WIR** formt. Das ist es, was ich Ihnen zum Schluss auf dem Weg durch die Ausstellung mitgeben will. Auch für Sie, meine Damen und Herren, bietet sich sicher noch viel Raum für weitere Entdeckungen.

Am Anfang war die schlaue Esther

Purim – das „Fest der Lose“

von Denise Schaider

Neben Pessach und Chanukka gehört das Purimfest zu den beliebtesten Festen des Judentums. „Purim“ leitet sich vom hebräischen Wort „pur“ für “Los“ ab. Es soll an die Errettung der persischen Juden durch die Jüdin Esther erinnern. Das Datum für den Beginn der Vernichtung des jüdischen Volkes im Perserreich, sollte durch eine Losziehung ermittelt werden. Die Purim-Legende ist

Kinder der Israelitischen Kultusgemeinde Schwaben-Augsburg in Purim Kostümen, um 1960. Foto: Jüdisches Kulturmuseum Augsburg Schwaben, Sammlung Gernot Römer.

in der Esther-Rolle, der fünften hebräischen Bibel, verankert[1], wobei sie dem Fest erst später zugeordnet wurde. Allerdings fehlen historische Belege für die Erzählung.[2] Purim gilt in der jüdischen Orthodoxie als Halbfeiertag. So ist das Arbeiten erlaubt, wird jedoch nur ungern gesehen.[3] Das Datum des Fests fällt nach dem jüdischen Kalender auf den 14. Adar, bzw. in manchen Gebieten auf den 15. Adar. Nach der julianischen Zeitrechnung liegt dieser Ende Februar bzw. Anfang März.[4] In Anlehnung an das dreitägige Fasten, das die persischen Juden auf Esthers Bitten hin durchführten, bevor sie den König aufsuchte, gilt der

Gruppenbild jüdischer Kinder in Karnevalskostümen, 1. H. 20. Jh.
Foto: Jüdisches Kulturmuseum Augsburg Schwaben.

13. Adar als Fastentag. Frauen und Männer sind dazu angehalten, an beiden Tagen in die Synagoge zu gehen. Im Mittelpunkt stehen jedoch die Frauen, da sie eine zentrale Rolle bei der Rettung spielen. Der Rabbiner verliest die Esther-Rolle, wobei er bestimmte Vorschriften beachten muss. So sollen Verse teils laut, teils leise gesprochen werden, sowie die ebenfalls bösen und verleumderischen Söhne Hamans in einem Atemzug aufgezählt werden.[5] Es ist Brauch, den Namen Hamans mit lauten Geräuschen zu übertönen. Hierfür werden gerne Purim-Ratschen verwendet. In anderen Regionen stampft man fest mit den Füßen auf den Boden

Purim in Mainstockheim, um 1930.
Foto: Frau Stern, Courtesy of the Illionois Holocaust Museum & Education Center.

oder zündet eine Puppe an, die Haman verkörpern soll. In allen Fällen möchte man akustisch und symbolisch den Namen des Wesirs Haman, der den Mordplan an den Juden ersonnen hat, auslöschen. Allerdings muss dabei darauf geachtet werden, dass trotzdem jedes Wort der Geschichte zu verstehen ist.[6] Deshalb wird die Esther-Rolle in der jeweiligen Landessprache vorgetragen. Am 14./15. Adar organisiert man mit der Familie ein großes Festmahl, bestehend aus Reis, Bohnen, Erbsen, Süßspeisen und vor allem den Haman-Taschen, mit Mohn gefüllten Teigtaschen, deren dreieckige Form von Hamans Hutform abgeleitet sein soll.

Die Rimparer Lehrerin Julie Laßmann und ihre Schüler bei einer Faschingsfeier, links neben ihr Fritz Tannenwald, um 1930. Foto: Frieda Baumann aus Rimpar.

Man feiert vom Sonnenuntergang bis spät in die Nacht. Nur an diesem Festtag ist es erlaubt, schreibt der Talmud vor, Alkohol zu trinken und zwar so viel, dass man die Sprüche „Gesegnet sei Mordechai!“ und „Verflucht sei Haman!“ nicht mehr unterscheiden kann. Es heißt, ein Zechgelage habe das Volk gerettet, daher gehöre das Zechen zum Fest dazu. Ein weiterer Brauch besteht im Verteilen von Geschenken, Almosen und Speisen. Zwei Por-

Mathilde und Uri Hasgall zu Purim, 1937. Foto: Jüdisches Museum Gailingen, Privatbesitz.

Helene und Hilda Meschelsohn in Faschingskostümen in Berlin, um 1907. Foto: Jüdisches Museum Berlin, Schenkung von Hilda Mattei.

tionen des Festmahls sollen an Nachbarn und Freunde und zwei Portionen an Bedürftige verschenkt werden. Selbst Letztere müssen diesen Brauch wahren.[7] Das Populärste an Purim sind die Maskenumzüge, die am 14./15. Adar durch die Stadt ziehen. Neben diesem karnevalesken Element vereinigt und integriert das Purim-Fest Motive aus dem babylonischen und dem persischen Neujahrsfest. Diese Spuren aus anderen Kulturen deuten auf einen nicht-jüdischen Ursprung des Fests hin.[8]

In Anlehnung an das traditionelle Purim werden heute weitere Purim-Feste gefeiert. In allen klingt die historische Erfahrung der Juden mit dem Leben als Minderheit an, die immer wieder Gefahren und Verfolgungen ausgesetzt war. Ein Beispiel dafür ist das in Frankfurt gefeierte „Vintzpurim". Es erinnert an einen Aufstand, angeführt von Vincenz Fettmilch, durch den die Juden zunächst aus der Stadt vertrieben wurden und schließlich wieder zurückgekehrt sind.[9]

---

1 Jüdische Geschichte und Kultur. Purim: http://www.judentum-projekt.de/religion/feste/purim/ (Stand 23.11.16).

2 vgl. Gaster, Theodor Herzl: Purim and Hanukkah in Custom and Tradition. Feast of Lots, Feast of Lights. New York 1950. S. 3-5.

3 vgl. Nachama, Andreas; Homolka, Walter; Bomhoff, Hartmut: Basiswissen Judentum. Freiburg 2015. S. 265ff.

4 vgl. Jüdische Geschichte und Kultur. Purim: http://www.judentum-projekt.de/religion/feste/purim/ (Stand 23.11.16).

5 Nachama (2015). S. 265ff.

6 vgl. Carls, Julia: Purim – Erinnern in Verkehrung, in: Fugger, Dominic: Verkehrte Welten? Forschungen zum Motiv der rituellen Inversion (= Historische Zeitschrift: Beihefte: Neue Folge, Bd. 60). München 2013, S. 285.

7 vgl. Nachama (2015). S. 265ff.

8 vgl. Gaster (1950). S. 6-11.

9 vgl. Carls (2013). S. 282.

Purim in Gailingen

Auch am Hochrhein: jüdisch jeck

von Romana Wahner

Das Purim-Fest wurde in Gailingen seit 1861 öffentlich gefeiert und war jahrzehntelang ein überregionales Ereignis. Die Besucher kamen von nah und fern. Zu Purim gab es in Gailingen unter anderem einen Festzug, der den rheinischen Rosenmontagszügen sehr ähnelte. Organisiert wurden die Purim-Feierlichkeiten vom Narrenverein „Fidelius", in dem jüdische Bürger schon seit dessen Gründung vertreten waren. Dies weist auf eine kulturelle Annäherung von Fastnacht und Purim in Gailingen hin.

Berty Friesländer-Bloch hat in ihren Buch „Vier Woche lang vor Purem", und teilweise in ihrem Werk „Gailinger Megille", das Lebensgefühl und die Vorfreude auf das Purim-Fest beschrieben, zu dem im Vorfeld auch das Fasten gehört. Vor allem die Feierlichkeiten selbst sind wichtiger Teil ihrer Ausführungen. Die Autorin hat dazu eine Versform aus Hochdeutsch vermischt mit Gailinger Jiddisch gewählt. Ihr Buch „Vier Woche lang vor Purem" erschien 1950. Zwei Jahre zuvor wurde ihr Buch „Gailinger Megille" veröffentlicht, das sich auf die ehemalige jüdische Gemeinde in Gailingen bezieht. Beide Werke hat die Jüdin sowohl aus Heimatliebe als auch aus tief empfundenem Heimweh geschrieben. Sie war aus dem französischen Internierungslager Camp de Gurs in die Schweiz geflohen.

Zunächst wird in „Vier Woche lang vor Purem" vom Cafèbesitzer „Guschtav" erzählt. Für die Feierlichkeiten lässt er das Kaffeehaus gründlich putzen, damit es in neuem Glanz erstrahlt. Überspitzt und humoristisch wird beschrieben, dass ihn eigentlich dafür sein Geld reut. Ausgeführt wird ebenfalls sein Einkauf auf dem Viehhandelsmarkt, auf dem er für die Feierlichkeiten günstig einkaufen möchte. Die Figur des „Guschtav" bezieht sich auf Gustav Dreyfuss, dem das „Cafè-Haus Biedermann" gehörte. Auch im Gartenlokal „Adler" laufen die Vorbereitungen für das Purim-Fest an. Lotte Rothschild backt ihre berühmten „Adler-Apfelküchlisch".

Aus den weiteren Beschreibungen geht hervor, dass zu den beliebten Purimkostümen in Gailingen Rotkäppchen, Blumenmädchen, Eskimo und auch das „Münchner Kindl" gehörte. Im Idealfall wollten sich die Feiernden zu jedem Purim eine neue Verklei-

Purim-Umzug in Gailingen, 1909. Foto: Jüdisches Museum Gailingen.

dung leisten. Dies bescherte den Schneiderinnen im Ort viele Aufträge, auch wenn es sich hierbei manchmal nur um Kostümänderungen handelte.

Auch der Berufsstand der Friseure hatte vor Purim viel Arbeit. Sie mussten Schnäuzer, Perücken, Bärte und Koteletten für die Feiernden herstellen. Das „Kaufhaus Veit" verkaufte für das Purim-Fest Konfetti, Papierschlangen, blaue Brillen, Niespulver und sonstige Juxartikel. Die erwähnten Kostüme, Perücken und Spaß-Artikel wurden auch gerne bei der Fastnacht verwendet.

Im Gegensatz zu den genannten Berufen, die vor Purim viel zu tun hatten, erzählt die jüdische Autorin schmunzelnd vom Berufsstand des Arztes. Dieser habe an Purim kaum Arbeit, weil niemand krank sein möchte. Sei eine Frau aber schwanger, fahre sie nach Heilbronn zum Arzt, damit die Geburt „noch gschwinder geht" und sie an den Purim-Feierlichkeiten wieder teilnehmen könne, wie eine Anekdote erzählt.

Nach den drei Fastentagen vor Purim, so schreibt Friesländer-Bloch weiter, versammelte sich die Gemeinde am Feiertag in der Synagoge, um die Esthergeschichte zu hören. Auch der Brauch, an Purim Bedürftigen mit einer Spende zu helfen, werde eingehalten. Die Autorin nennt Moritz Hasgall als Spendeneintreiber, der sich mit seiner Büchse vor den Ausgang der Synagoge stelle, um sogenannte „Schlachmones" einzusammeln.

Beim oben genannten Gustav Dreifuss fanden die Aufführungen und auch der „Schwenderball" statt. Die Feierlichkeiten gingen bis spät in die Nacht. Es wurde gut gegessen, getrunken, gelacht und getanzt. Meist wurde nach dem Purimball der „Adlerwirt" aufgesucht. Die Feiernden stärkten sich mit „Küchlisch" und Bohnenkaffee, denn es folgte der Festzug, für den man sich Zuhause noch ausstaffieren musste. Der Zugverlauf umfasste den ganzen

Ort. Die Masken und Kostüme wurden von den Zuschauern ebenso bewundert wie die originell geschmückten Wagen.

Mit diesen heiteren Beschreibungen möchte ich mit der Betrachtung des Buches von Friesländer-Bloch enden und mich einer Beschreibung des Gailinger Purim-Festes aus dem Jahr 1906 zuwenden. Joachim Klose hat die historischen Ereignisse anhand von Archivalien und Pressemitteilungen rekonstruiert.

In diesem Jahr fiel Purim auf einen Sonntag in der Fastenzeit. Der Gemeinderat Gailingens und der katholische Pfarrer wollten den Festumzug daher verbieten. Der Synagogenrat nahm in einem Brief Stellung zum drohenden Verbot. Er argumentierte,

Purim-Umzug von Diessenhofen/Gailingen, 1914.
Foto: Jüdisches Museum Gailingen, Privatbesitz Clemens Fleischmann.

dass Purim seit 45 Jahren in Gailingen öffentlich gefeiert und hierbei nie die religiösen Gefühle der katholischen Mitbürger verletzt wurden. Auch wird angemerkt, dass es in der Vergangenheit nie Probleme damit gab, wenn Purim auf einen Sonntag fiel, außerdem passiere das nur alle fünf bzw. sieben Jahre. Die besondere Verbindung von Festzug und Purim-Fest wurde ebenfalls vom Synagogenrat betont, er argumentierte, ein Verbot des Zuges käme einem Verbot ihres Feiertages gleich. Dies wäre nicht förderlich für das Verhältnis zwischen den jüdischen und christlichen Bürgern Gailingens, die ansonsten ein gutes Verhältnis pflegten. Zudem war die jüdische Bevölkerung sehr stolz auf ihre Purim-Feierlichkeiten, für die sie überregional bekannt waren.

Die katholischen Christen der Gemeinde gaben ebenfalls eine Erklärung ab, mit der sie klar Stellung für ihre jüdischen Mitbürger bezogen. Inhalt des Schreibens war zum einen, dass die Katholiken keinen Einwand gegen das Feiern des Festes hatten und es den jüdischen Mitbürgern gestattet sein müsste, Purim öffentlich zelebrieren zu dürfen. Zum anderen hatten sie keine Bedenken, da es noch nie zu Ausschreitungen gekommen war. Darüber hinaus wurde darauf hingewiesen, dass die jüdische Gemeinde wiederum Rücksicht auf ihre christlichen Mitbürger nahm, da die Aufführungen erst nach dem Nachmittagsgottesdienst stattfinden sollten. Auch die Presse ergriff Partei für den Purim-Umzug und betonte, dass bürgerliche und konfessionelle Gleichberechtigung gegeben sein müsste. Dank der Unterstützung von den christlichen Bürgern und der Presse erteilte das Bezirksamt Konstanz letztlich die Genehmigung für den Purim-Umzug.

Trotzdem muss darauf hingewiesen werden, dass es kein gemeinsames Feiern zwischen der christlichen und jüdischen Gemeinde zu Purim gab. Zwar halfen nichtjüdische Frauen, vor allem Schneiderinnen, beim Aufputzen der Festwagen. Die christliche Bevölkerung nahm in aller Regel nicht an den Umzügen teil, mit Ausnahme des Bürgermeisters. Die wenigen Christen, die gelegentlich den Festzug bestaunten, hatten sich nicht kostümiert. Aber unabhängig von der Konfession waren die Bürger von Gailingen stolz auf das Purim-Fest und den Umzug, der viele Zuschauer von nah und fern anlockte.

Purim-Stecken, Jüdisches Museum Gailingen.

Literatur

Klose, Joachim: Gailinger Purim. Unveröffentlichtes Manuskript zu einem Vortrag am 06.03.2012. Gailingen 2012.

darin:

Berty Friesländer-Bloch: Vier Woche lang vor Purem. Gailingen 1950.

Berty Friesländer-Bloch: Gailinger Megille. Gailingen 1948.

Exner, Georg: Zeugnisse eines belasteten Miteinanders: http://www.suedkurier.de/region/kreis-konstanz/oehningen/Zeugnisse-eines-belasteten-Miteinanders;art372453,3077469 [22.03.2017].

Theater, Theater (der Vorhang geht auf)

Fastnachts- und Purimspiele

von Lavinia Eifler

Die Sonderausstellung „jüdisch jeck" ist der Versuch, sich an zwei Feste mit ähnlichen Erscheinungsformen, aber unterschiedlichen Wurzeln anzunähern: Hier die christlich motivierte Fastnacht, dort das jüdische Purim-Fest. Teil beider Festformen ist das Aufführen szenischer Spiele. Auf den ersten Blick scheinen Fastnachtsspiel und Purimspiel nicht allzu viele Gemeinsamkeiten aufzuweisen. Aber es gibt sie.

Die beiden Spiel-Typen sind bereits durch ihre Entstehungsgeschichte verbunden. Im Mittelalter entwickelten sich die geistlichen Spiele, wie zum Beispiel Passionsspiele. Aus diesen entstanden schließlich ab dem 13. Jahrhundert die weltlichen Spiele, auch die Fastnachtsspiele. Mit wachsender Beteiligung von Laien am Verfassen und Inszenieren der Spiele, gerieten diese immer humorvoller und auch freizügiger. Fastnachtsspiele wurden in katholischen Regionen bis ins 18. und 19. Jahrhundert hinein aufgeführt und sind auch noch heute, allerdings vom Frühneuhochdeutschen in die Sprache der Gegenwart übertragen, aktuell.

Fastnachtspiele erlebten ihre Blütezeit im 16. Jahrhundert. Zu danken ist das vor allem dem Nürnberger Schuhmacherpoeten Hans Sachs.[1] In protestantischen Gebieten verloren die Spiele in der Zeit der Reformation an Bedeutung.[2] In der jüdischen Kultur wurde zwar die Epik besonders gepflegt, jedoch existierte keine eigene Theatertradition. Aussagen der Thora zufolge sollten Juden den Umgang mit „Narren", „Frevlern" und „Sündern" meiden.[3] Ebenso sollten Männer sich nicht wie Frauen kleiden. Generell wurde eine Maskierung abgelehnt. Durch diese Auslegung wurde zentralen Elementen des Theaters, wie Verkleidung und

Verstellung, der Boden entzogen. Erst um 1500 n. Chr. ermutigten jüdische Gelehrte zu Kostümierung und Maskentragen am Purimfest und öffneten so den Weg zum Purimspiel.[4] Ausschlaggebend für diese Entwicklung war die Trennung von geistlichem und weltlichem Spiel in der christlichen Kultur.[5] Man orientierte sich nicht an den religiösen, sondern an den weltlichen Spielen und entwickelte im Lauf des 16. Jahrhunderts eine eigene jüdische Theaterform. Der Impuls hierfür kam aus Spanien, wo viele hochgelehrte Juden an herzoglichen Höfen lebten und in Kontakt mit arabischen Philosophen und anderen fremden Kulturen standen. Aus dieser kulturellen Offenheit rührt eine Vorliebe für die Parodie, die den jüdischen Humor bis heute prägt.[6] Möglicherweise wurzeln Purimspiele in der theatralischen Verbrennung einer Puppe, die den Bösewicht Haman darstellte, im Anschluss an das Verlesen der Esther-Rolle.[7]

Die erste Aufführung eines Purimspiels ist für das Jahr 1531 in Italien belegt.[8] Ebenso wie die Fastnachtsspiele, wurden Purimspiele zunächst von umherwandernden Theatergruppen dargeboten, später auch in festen eigenen Spielstätten. Aufgrund ausartender Alkoholexzesse zu Purim wurde die Aufführung der Purimspiele während der Haskala, der jüdischen Aufklärung, verboten, die Texte teils sogar verbrannt.[9] Die Spiele sind meist auf Jiddisch verfasst und enthalten oft Elemente der hebräischen Sprache.[10]

Die in den Spielen aufgegriffenen Themen ähneln sich bei Purim- und Fastnachtsspiel. Fastnachtsspiele befassten sich anfangs auch mit biblischen Themen und Szenen. Schnell wurden jedoch Elemente aus Satire, Farce und Posse aufgenommen.[11] Wie bereits erwähnt, spielen einige Purimspiele die Esther-Legende nach. Aber auch andere Themen, wie beispielsweise „David gegen Goliath", wurden aufgegriffen. Hauptsächlich aber zeigen beide Spiel-Typen Szenen aus dem Alltagsleben, besonders beliebt dabei der

Disput zwischen Eheleuten, oder abstrakten bzw. symbolischen Figuren. So agieren und argumentieren zum Beispiel Fastnacht und Fastenzeit oder Mönch und Handwerker gegeneinander. Im Purim-Spiel sind es oft stereotype Figuren wie der Weise und der Narr, die einen Streit austragen.[12] Zu den zentralen Themen beider Spiele zählen die Gegensätze zwischen Zivilisation und Wildheit, dem Animalischem, sowie zwischen Heiligem und Profanem.[13] Meist wird polarisiert, zum Beispiel zwischen Mann und Frau oder Mensch und Tier. Gezeigt wird oft die Verkehrung der realen Welt zu Purim und Fastnacht, die wohl auf ein Wunschdenken vom Ausbruch aus einengenden sozialen und gesellschaftlichen Regeln zurückgeht. Dieser Ausbruch dient, befeuert von groteskem und obszönem Humor, als emotionales Ventil der ‚Volksseele'. Die meisten erhaltenen Spiele beinhalten dennoch keine überzogenen sexuellen Anspielungen.[14] Allerdings finden sich sowohl bei den Fastnachts-, als auch unter den Purimspielen Texte mit derben Darstellungen aus dem Fäkal- und Sexualbereich. Die Texte sind in der Regel frauenfeindlich. Frauen sind meist nur passiv und dem Mann untergeordnet dargestellt. Sie sind sexuelle Objekte, gelegentlich aber dem (Ehe-)Mann als überlegen dargestellt. Wenn dies der Fall ist, dann mit negativem Beigeschmack. Die Frau, beschrieben als gerissenes Wesen, das dem Mann eine Nase dreht.[15]

Ein Beispiel für besondere Derbheit ist das Spiel „Morischgentanz" aus dem 15. Jahrhundert. Dabei wird der Mann zum Gewinner gekürt, der für die Liebe die größte Narrheit begangen hat. Eine Textprobe, die sich auch heute nur mit Widerwillen liest:

„Und daß ich vor ir niederscheiß.
Den merdum, den ich han geschissen,
Dem hab ich das heubel abgepissen,
Das er uber mein wang abran."[16]

Bei den Purimspielen ist es vor allem das exzessive „Achaschwerosch Spil“ von 1708, das aus der Reihe fällt. Es wurde schließlich von einigen jüdischen Gemeinden verboten.[17] In diesem Spiel findet sich eine Szene, in der die Figur Mordechai, ein im Grunde angesehener und moralisch einwandfreier Charakter aus der Esther-Geschichte, durch das Publikum läuft. Er gibt hierbei vor, die Enden des Gebetsschals zu untersuchen. Statt dieser Schaufäden, der „zizot“, untersucht er jedoch die „ziz^{e}s“, die Brüste der weiblichen Zuschauer.[18] Trotz dieses derben und frivolen Humors sind die meisten Wortwitze intelligent gestaltet und die Autoren arbeiten mit zahlreichen rhetorischen Stilmitteln.[19]

Neben diesen inhaltlichen Parallelen gibt es Übereinstimmungen in der dramatischen Form beider Spieltypen. Beide werden zu den Festtagen aufgeführt. Die Purimspiele sind an das Purimfest gebunden, die Fastnachtsspiele an die Fastnacht. Erst später wurden sie zum Ganzjahresvergnügen. Eine weitere reizvolle Gemeinsamkeit beider Spielformen: Das Einbeziehen des Publikums. Die Theatergruppen spielten meist in Gasthäusern und inmitten oder unmittelbar vor den Zuschauern. Die Spiele beginnen in der Regel mit einer direkten Ansprache an die Gäste und mit einem Dank an den Wirt.[20]

Fastnachts- und Purimspiele scheinen aus demselben Stoff zu sein. Fakt ist jedoch, dass die Spiele trotz ähnlicher Themen und gegenseitiger Bedingtheit nicht verschiedener sein könnten. Ein Grund hierfür ist der Hintergrund des Purimfestes.

Das Buch Esther erzählt eine Geschichte aus der persischen Diaspora. Den dortigen Juden steht die Vernichtung durch den Antisemiten Haman und seine Schergen kurz bevor, sie werden jedoch durch die weise Jüdin Esther gerettet. Um an diese Rettung zu erinnern, wurde es Brauch, das Purimfest zu feiern. Die Purimspiele sollen das Publikum zum Lachen bringen, um das schwere Leben in der Diaspora für einen Moment vergessen zu machen.[21] Ein weiterer Unterschied besteht in der Art des Humors. Im Gegensatz zum Humor der Christen ist der jüdische selbstbezogen und parodiert die eigene Kultur und Religion. So gibt es einige Purimspiele, die im Stil von Gebetstexten geschrieben sind, allerdings profane und lustige Inhalte wiedergeben. Das Verständnis setzt hierbei eine gewisse Talmudbildung und Kenntnisse der jüdischen Kultur voraus. Berühmt sind die Texte von Kalonymos ben Kalonymos (1286-nach 1322), der als Erfinder der hebräischen Parodie bezeichnet wird.[22] Weiterhin unterscheiden sich die Spiele im Umgang mit der jeweils anderen Religion und den interreligiösen Konflikten. In Purimspielen wird der Bösewicht Haman manchmal als Christ dargestellt und personifiziert dabei überspitzte Stereotype. In den Fastnachtsspielen findet sich oft heftiger Antisemitismus. Witze über Juden sind meist aggressiv, diese werden als Verschwörer und Lügner charakterisiert. Ein Beispiel dafür ist das Fastnachtsspiel „Der Juden Messias“ von Hans Folz, entstanden zwischen 1486 und 1493. Hier lassen sich die Juden vom Teufel blenden, der ihnen vormacht, der wahre Messias zu sein. Die Juden folgen ihm in der Hoffnung, die Macht über die Christen zu erlangen und so der Unterdrückung zu entgehen. Die Christen jedoch durchschauen das falsche Spiel, enttarnen den Teufel und bestrafen die Juden, indem diese an den Zitzen einer Sau saugen müssen. Der falsche Messias wird dazu verurteilt, sich unter das After des Tieres zu legen, und zu essen, was herunterfällt.[23]

Zusammenfassend lässt sich sagen, dass die Entstehung der beiden Spielarten zusammenhängt und diese in ihrer Unterhaltungsfunktion ähnliche Themen behandeln. Der Humor, wenn auch verschieden motiviert, ist meist frivol, manchmal obszön. Fastnachtsspiele verbreiteten zudem antisemitische Botschaften. Beide Spieltypen heben auch immer wieder die Regeln und Normen des Alltagslebens aus den Angeln.

---

1 Vgl. NIELEN, Holger: Prozessionsfeste und dramatische Spiele im interreligiösen Vergleich. Eine religionsphänomenologische Studie zu Fastnacht, Fronleichnam Asura und Purim. Berlin 2005. S. 219f.

2 Vgl. BUTZER, Evi: Die Anfänge der jidischen purim shpiln in ihrem literarischen und kulturgeschichtlichen Kontext. Hamburg 2003. S. 29f.

3 Vgl. Nielen 2005, S. 286f.

4 Vgl. Butzer 2003, S. 31.

5 Vgl. Butzer 2003, S. 23f.

6 Vgl. Nielen 2005, S. 272.

7 Butzer stellt dies als eine von sechs Theorien zur Entstehung des jüdischen Theaters vor, vgl. Butzer 2003, S. 34-39.

8 Vgl. Nielen 2005, S. 276.

9 Vgl. Nielen 2005, S. 287f.

10 Vgl. Nielen 2005r, S. 276.

11 Vgl. Nielen 2005, S. 238.

12 Vgl. Nielen 2005, S. 283.

13 Vgl. Nielen 2005, S. 239 u. 276 und Butzer 2003, S. 114.

14 Vgl. Nielen 2005, S. 283.

15 Vgl. Butzer 2003, S. 181ff.

16 Zitiert nach Nielen 2005, S. 247f. Erläuterung: Die Geliebte des Mannes verlangte, dass er vor ihr seine Notdurft verrichten und von dieser die Spitze, das „heubel", abbeißen solle.

17 Vgl. Butzer 2003, S. 48.

18 Vgl. Nielen 2005, S. 277ff.

19 Vgl. Butzer 2003, S. 118.

20 Vgl. Butzer 2003, S. 156-160.

21 Vgl. Butzer 2003, S. 5.

22 Vgl. Butzer 2003, S. 111ff.

23 Vgl. RIDDER, Klaus; Steinhoff, Hans-Hugo: Einleitung. In: Dies (Hgg.): Frühe Nürnberger Fastnachtspiele (= Schöninghs mediävistische Editionen Bd. 4). Paderborn 1998, S. 156ff.

Von Schalksnarren und Schildbürgern

von Daniela Sandner

Eulenspiegel überall

Fragmente von Till Eulenspiegel-Drucken in Genisa-Funden aus Franken, genauer aus Bayreuth und Reckendorf/Bamberg, zeugen von einer lebendigen Eulenspiegel-Rezeption in der jüdischen Kultur bereits im 18. Jahrhundert.[1] Heinrich Loewe, der in seiner Studie von 1920 jüdische Schalksnarren untersucht, erläutert, dass die Schwänke des Eulenspiegels „schon frühzeitig in jüdisch-deutschen Drucken verbreitet worden"[2] waren, da sie dem jüdischen Humor in besonderem Maße entsprachen. Darüber hinaus habe es in der jüdischen Kultur jedoch immer auch eigene Witzbolde, Spaßmacher und fröhliche Erzähler gegeben.[3]

Jüdische Schelmengeschichten im Allgemeinen

In wohl jeder Volksdichtung treten sogenannte Schalksnarren auf, in der deutschen ist es vor allem der bereits zuvor benannte Till Eulenspiegel, in der türkischen kennt man Nasreddin Hodscha. Und auch die jüdische Literatur wird um zahlreiche Schwankdichtungen von Narrengestalten bereichert. Loewe meint hierzu, das „Witzmotiv [wird] übertragen [...], während das Milieu wechselt"[4].

Loewe geht davon aus, dass jüdische Erzähler Schelmengeschichten anderer Nationen, beispielsweise die des Eulenspiegels, übernahmen und überformten, gleichermaßen schufen die Erzähler aber einen eigenständigen Typus des jüdischen Narren.[5] Denn ihre Geschichten seien allesamt vom jüdischen ‚Volkshumor' geprägt, den Loewe als ursprünglich, frisch, scharfzüngig, gutmütig und behaglich[6] beschreibt.

Loewe beschreibt den jüdischen Schelm als typischen Schalksnarren[7], der sich manchmal naiv, manchmal verschlagen gibt, aber immer schelmisch. Protagonisten der Erzählungen sind meist einfältige Bauern und jüdische Kaufleute. Während in den jüdischen Geschichten der Jude stets der Betrüger ist, der am Ende triumphiert, sind die Juden in den deutschen Geschichten die Betrogenen, meist sogar die betrogenen Betrüger.

Besondere Bedeutung erhält der Gegensatz von Einfalt und Bildung in den Schelmengeschichten: Da Bildung im Judentum eine große Rolle spielt, verfügen meist auch die Narren über eine bestimmte Klugheit. Die sogenannten *Amrazzim*, die Ungebildeten, zu denen insbesondere die deutschen Juden zählten, wurden dabei besonders häufig zur Zielscheibe des jüdischen Spottes.[8]

Viele Narrenerzählungen leben von der dialektalen Art: Sie verlieren ihren Witz, wenn man den Dialekt auflöst und entsteht die Komik eben dadurch, dass falsche Fremdwörter oder falsche hebräische Wörter verwendet werden.[9]

Jüdische Eulenspiegel

Im Folgenden sollen nun drei jüdische Narrengestalten und eine ‚Stadt voller Narren' vorgestellt werden: Efraim Greidiker, Mordche Rackewer und Herschel Ostropoler sowie die Narren von Chelm.

Bei Efraim Greidiker handelte es sich vermutlich um eine historische Person, die in Pinczew bzw. Godorek in Polen geboren wurde und Ende des 18. Jahrhunderts lebte. Greidiker war ein „wandernder Rebbe"[10], ein sogenannter Badchen, ein fahrender Bänkelsänger. Seine Geschichten, meist betrügerischer Natur, reflektieren das jüdisch-deutsche Milieu in Polen.[11] Loewe beschreibt ihn als einen „materiell gesinnte[n] ungläubige[n], aber talmudisch geschulte[n] Mann, der gelegentlich auch mit den religiösen Vorschriften seiner Nation seinen Spott trieb“[12]. Greidikers Streiche, meist geschäftlich ausgerichtet, bringen die Betroffenen häufig zu wirtschaftlichem oder körperlichem Schaden.[13]

Anders als Greidiker sind die Streiche des Reb Mordche Rackewer, im Litauischen auch bekannt als Mottke Chabad, für die Betroffenen meist harmlos bzw. lediglich verbal bösartig, da Rackewers offenkundigste Eigenschaft seine scharfe Zunge[14] sei. Als sogenannter „Choßid“[15] (Chassid), ein Vertreter einer Bewegung im Judentum, die eine besonders strenge Einhaltung religiöser Gesetze fordert, sind seine Streiche häufig nur talmudisch geschulten Lesern verständlich.

Größte Berühmtheit und Verbreitung dürften wohl die Schelmengeschichten des Herschel Ostropoler (auch Hersch Ostropolier) erlangt haben: eine Sammlung seiner Streiche von Chaijm Bloch in der Erstausgabe von 1921 wird in der Ausstellung „jüdisch jeck“ gezeigt. Ostropoler lebte in der Zeit um 1750 bis um 1800 in der heutigen Ukraine, er wurde in Balta geboren und wohnte zeitweise in der Stadt Ostropol (damals Polen), von der sich sein Name ableitet. Loewe bezeichnet ihn als typischen Schalksnarren nach dem Vorbild Till Eulenspiegels.[16] Chaijm Bloch selbst hält Ostropoler sogar für unübertrefflich: „Er war in seinem köstlichen und ergreifenden Spott Till Eulenspiegel ebenbürtig, vielleicht sogar überlegen, nur sind seine Streiche mit den Begriffen von Wohlanständigkeit eher vereinbar.“[17] Authentisch erscheinen Ostropolers Geschichten durch Nennung bestimmter Namen und Orte. Schwara geht jedoch davon aus, dass diese rein formalen Mittel keine historische Bedeutung[18] haben, „da die gleichen Geschichten oft verschiedenen Personen zugeschrieben werden"[19] und sich besonders Ostropolers Streiche auch im mittelalterlichen Zentraleuropa wiederfinden. Die historische Person Ostropoler habe sich angeblich am Hofe des chassidischen Rabi Baruch aus Tulczyn als Hofnarr verdingt. Seine Geschichten dienten wohl der Erheiterung der Hofgesellschaft, obwohl viele seiner Streiche an unwissenden Juden und einfältigen Bauern ebenso bösartig und mutwillig wie die Greidikers sind.[20]

Die deutschen Schildbürger haben ihre jüdische Entsprechung in den Narren von Chelm, das auch als das jüdische Schilda bekannt ist. Die Stadt Chelm liegt in Posen/Polen an der Grenze zur Ukraine. Ein Großteil der Chelmer Narrenstreiche reflektiert den Gottesdienst und das synagogale Leben.[21] Bekannt wurden die Chelmer Narren durch den Sammelband von Isaac Bashevis Singer (1902-1991) *Die Narren von Chelm und ihre Geschichte* (1973, dt. 1997). Landmann beschreibt Singers Erzählungen als „alte jüdische Narrengeschichten"[22], die „die Juden [...] aus Deutschland in den slawischen Osten mitgebracht, jedoch schon längst mit jüdischen Elementen durchwoben"[23] hatten. Na-

Buch „Hersch Ostropoler", Chajim Bloch, Berlin/Wien 1921. Leihgabe Hans Driesel.

hezu identisch ist die *Geschichte vom Maushund*, der sowohl den Schildbürgern als auch den Chelmer Narren das Leben schwer macht. Es handelt sich um dieselbe Geschichte und dasselbe Motiv, lediglich der Ausgang der Geschichte ist verschieden: Während die Schildbürger versuchen, die Katze durch ein Feuer zu vertreiben und letztlich die gesamte Stadt in Schutt und Asche legen, flüchtet sich das Tier in Chelm lediglich auf das Dach der Synagoge. Als der Synagogendiener die Katze einfangen will, stürzt er und bricht sich das Genick. In beiden Erzählungen aber kann die Katze am Ende entkommen.[24]

Die Narren und ihre Geschichten

Exemplarisch sollen im Folgenden drei jüdische Schelmengeschichten und ihre referentiellen Bezüge eingehend betrachtet werden.

Die klugen Leute

Die Geschichte *Die klugen Leute* handelt von einem Bauern, dessen Frau in seiner Abwesenheit drei Kühe ‚verkauft', dafür jedoch kein Geld bekommt, sondern die dritte Kuh als Pfand. Der Bauer verlässt daraufhin sein Zuhause und begibt sich auf die Suche nach einer Frau, deren Dummheit die der seinen noch übertreffe. Er trifft daraufhin eine Frau, die ihm glaubt, er komme aus dem Himmel und die ihm, solle er in den Himmel zurückkehren, für ihren verstorbenen Ehemann eine größere Summe Geld mitgibt. Der Sohn der Geprellten will nun den Bauern zur Rede stellen, reitet ihm nach, lässt sich jedoch auch noch sein Pferd abspenstig machen. Der Bauer aber hat sein Vorhaben erfüllt, noch dümmere Leute als seine Frau zu finden und kehrt, reicher als zuvor, nach Hause zurück.

Loewe versichert, bei der Geschichte handele es sich „um einen durch einen sehr großen Teil der Volksliteratur aller Völker und

Länder hindurchgehenden Schwank"[25], den sich germanische Völker ebenso erzählten wie die Iren und Romanen, Slawen und Kaukasen, Malteser, Araber, Türken, Inder und Weißrussen[26]. Die Geschichte lasse sich bis zu einer lateinischen Schwankdichtung aus dem Jahr 1509 zurückführen. Ostropoler habe sie sich zu eigen gemacht und lediglich Namen und jüdische Feiertage ergänzt.[27]

Der gute Handel

Ein Streich Greidikers lässt sich auf das Märchen *Der gute Handel* der Brüder Grimm zurückführen. Es handelt von einem Bauern, der sich aufgrund seiner eigenen Einfalt um Geld und Besitz bringt. Da er sich ungerecht behandelt fühlt, zieht er vor den König und erzählt ihm seine Geschichte. Da die Tochter des Königs daraufhin lauthals zu lachen beginnt, verspricht der König dem Bauern diese zur Frau. Der Bauer, der bereits verheiratet ist, lehnt ab und erhält dafür als Entschädigung 500 Taler, von denen er 200 verschenkt und sich die restlichen 300 schlecht von einem Juden umtauschen lässt. Darüber hinaus schwärzt der Jude den Bauern beim König an. Beide werden vor den König geladen, doch der Bauer weigert sich, in Lumpen vor den König zu treten. Der Jude leiht ihm daraufhin seinen Rock. Während der Verhandlung stellt der Bauer den Juden als Lügner bloß und beweist dies mit den Worten: ‚was ein Jude sagt, ist immer gelogen, dem geht kein wahres Wort aus dem Munde; der Kerl da ist imstand und behauptet, ich hätte seinen Rock an.' Der König aber, der die Situation nicht zu lösen vermag, belohnt den Bauern mit weiteren Talern.

Der gute Handel ist seit der zweiten Auflage im Jahr 1819 in der Sammlung vorhanden, der Jude erscheint hier als „zwielichtige Gestalt"[28], die die zweite Hauptperson, einen recht unbedarften Bauern gleich zweimal hinters Licht führen will, selbst jedoch überführt und bestraft wird. Deutlich wird hier das Motiv des Juden als „betrogener Betrüger“[29]. Der Bauer hatte bereits früh in der Geschichte festgestellt: „Was ein Jude sagt, ist immer gelogen.“

Interessant ist, dass sich Greidiker das Märchen der Grimms zu eigen machte, obwohl es deutlich antisemitische Züge aufweist. Jedoch kommt es bei Greidiker zum Rollentausch: der jüdische Narr übernimmt die Rolle des Grimmschen Bauern, ein Bauer wiederum die Rolle des vermeintlichen Betrügers. Die Schelmengeschichte des jüdischen Narren beschränkt sich jedoch auf den zweiten Teil des Märchens, nämlich das Motiv des Verleihens der Kleidung, des Auftretens vor dem Richter und des Bloßstellens des Bauern.

Loewe erklärt, dass es bereits im 15. Jahrhundert eine italienische Novelle von Sabadino delle Arienti desselben Inhalts gegeben habe, auf die diese Geschichte zurückzuführen sei, gleichwohl findet sich in dieser Novelle keine jüdische Figur. Die Erzählung sei auch bei den slawischen Völkern, Wallachen, Arabern und Türken, namentlich durch einen Streich des Nasreddin Hodscha, bekannt.[30]

Der Jude im Dorn

In drei[31] von den rund 200 überlieferten Märchen der Brüder Grimm spielt ein Jude eine Hauptrolle, neben den beiden oben genannten ist das dritte Märchen *Der Jude im Dorn*, das sich bereits seit der ersten Auflage im Jahr 1815 in der Sammlung befand. Obwohl hier keine direkte Verknüpfung zu einer Schelmengeschichte vorliegt, soll dieses Märchen dennoch kurz dargestellt werden, da hier eine einzigartige Verbindung zu einem Fastnachtsspiel vorliegt. Uther nennt zwei „Vorlagen für das Schwankmärchen, dem Inhalt nach ein Rechtsfall“[33]: die Komödie *Historia von einem Bawrenknecht* von Albrecht Dietrich (1618, gereimte Fassung 1599) sowie ein 1620 nachgedrucktes Fastnachtspiel von Jakob Ayrer mit dem Titel *Fritz Dölla mit seiner gewünschten Geigen.* Antisemitische Anklänge sind dabei für Fastnachtsspiele durchaus charakteristisch.[34]

Der Inhalt des Grimmschen Märchens ist folgender: Ein braver Knecht erhält aufgrund einer guten Tat drei Zaubergaben: ein Vogelrohr, das immer trifft, eine Fiedel, nach der alle tanzen müssen und das Entgegenkommen aller, da sie ihm keinen Wunsch abschlagen können. Der Knecht macht sich schließlich einen Spaß, indem er einen Juden unter Anwendung von Pfeife und Geige im Dornengebüsch tanzen lässt. Der Knecht kommentiert seine Tat schlicht mit: „Du hast die Leute genug geschunden, nun soll dir's die Dornhecke nicht besser machen.“[35] Der Jude aber sucht den Richter auf, der den Knecht zum Tode durch den Galgen verurteilt. Die letzte Bitte, auf seiner Geige spielen zu dürfen, kann man ihm schließlich nicht abschlagen. Es kommt zu einem frenetischen Tanz der gesamten Dorfgemeinschaft. Der Jude aber gesteht unter der Androhung weiteren Geigenspiels einen früheren Diebstahl und wird gehängt.

Von einem erfreulichen Märchen bleibt hier nicht mehr viel übrig, die Geschichte nimmt tragische, ja irritierende Züge an.[36] Stefan Zweig nannte das Märchen im Jahr 1936 sadistisch.[37]

Beide Märchen, *Der Jude im Dorn* und *Der gute Handel*, blieben auch in der sogenannten ‚Kleinen Ausgabe‘ von 1825 erhalten, und das, obwohl diese mehr noch als die vorherigen Ausgaben für

Kinder und Jugendliche gedacht war.[38] Bereits zuvor hatten die Grimms Bedenken ihrer Kritiker, ihre Märchen seien nicht kindgemäß, zurückgewiesen.[39] Doch das im Märchen *Der Jude im Dorn* zu Tage tretende „Ungleichgewicht von Vergehen und Strafe“[40] trug sicherlich kaum zur Erziehung von Kindern „zur moralischen Urteilsfindung“[41] bei. Es handelt sich vielmehr um die Darstellung „eine[r] beispiellose[n] Bankrotterklärung des Rechtes“[42]: Der Knecht verfüge über keinerlei Unrechtsbewusstsein[43] und täusche darüber hinaus den Richter bewusst. Der als brav beschriebene Knecht handele im Verlauf der Geschichte mutwillig bösartig, sadistisch und erpresserisch.[44]

Bockwoldt schlussfolgert, man könne den Grimms zwar keinen „dezidierten Antijudaismus“[45] unterstellen, wohl aber eine „große Sorglosigkeit mit einem problematischen Text“[46].

Dass das Märchen aber durchaus antisemitisch aufgefasst und aufgegriffen wurde, bezeugt eine Kriegsausgabe der Grimmschen Märchen aus dem Jahr 1941. Darin ist *Der Jude im Dorn* noch zu finden, mit einer Illustration, einem Porträt des Juden, einem sogenannten Skopusbild, das in sich die Vorstellung der innerlichen und äußerlichen Hässlichkeit des Juden vereint.[47] In Ausgaben nach 1945 wurde auf den Abdruck des Märchens verzichtet oder die Gestalt des Juden schlicht durch ein „Männlein“ ersetzt. Auch in *Der gute Handel* spielte später nicht mehr ein Jude die Hauptrolle, sondern ein „Geldwechsler“.[48]

Die oben ausgeführten Beispiele zeigen deutlich: Schwankgeschichten, Märchen und prosaische Erzählungen haben sich gegenseitig beeinflusst. Motive sind über Genregrenzen hinweg in andere Textgattungen hinübergewandert. Auch kulturelle Grenzen spielten scheinbar keine Rolle, Ortsbezeichnungen und Personennamen wurden schlicht durch andere ersetzt. Die Struktur der einzelnen Motive ist schlicht, die zugrunde liegende (Situations)Komik basal genug, dass sie es erlaubt, in unterschiedliche Erzählkulturen ‚transponiert' zu werden.

Gleichfalls erfreu(t)en sich offensichtlich LeserInnen und ZuhörerInnen ungeachtet kultureller oder religiöser Grenzen gleichermaßen über die Schwänke eines Till Eulenspiegel, eines Hersch Ostropoler oder eines Nasreddin Hodscha.

---

1 vgl. Gutknecht, Christoph (2011): Narischkajten. Till Eulenspiegel auf Jiddisch. http://www.juedische-allgemeine.de/article/view/id/11758 [26.02.2017].

2 Loewe, Heinrich (1920). Schelme und Narren mit jüdischen Kappen. Berlin. Welt-Verlag. S. 12.

3 ebd. S. 12.

4 Loewe (1920), S. 9.

5 ebd. S. 51, 64.

6 vgl. ebd. S. 64.

7 Loewe (1920), S. 8.

8 vgl. ebd. S. 40ff., auch S. 59, Anm.: Hier wird der (unwissende) deutsche Jude als „Aschkenas-Pettach" (deutschländischer Narr) beschrieben.

9 vgl. ebd. S. 45.

10 ebd. S. 21.

11 vgl. ebd. S. 13.

12 ebd. S. 22.

13 vgl. ebd. S. 27.

14 ebd. S. 27.

15 ebd. S. 22.

16 vgl. ebd. S. 36.

17 Bloch, Chaijm (1921): Hersch Ostropoler. Benjamin Harz Verlag. Berlin, Wien. S. 8f.

18 Schwara, Desanka (1996): Humor und Toleranz: Ostjüdische Anekdoten als historische Quelle. Köln [u.a.]. Böhlau., S. 51.

19 ebd. S. 51.

20 ebd. S. 51, Fußnote 95.

21 Loewe. S. 55.

22 Landmann, Salcia (1968): Ostjüdische Märchen. http://www.zeit.de/1968/47/ostjuedische-maerchen [26.02.2017].

23 ebd.

24 vgl. Loewe. S. 61ff.

25 Loewe. S. 34.

26 Loewe. S. 35.

27 vgl. Loewe. S. 34.

28 Bockwoldt, Gerd (2011): Das Bild des Juden in den Märchen der Brüder Grimm. In: Zeitschrift für Religions- und Geistesgeschichte (Band 63, Heft 3), S. 234-49. http://www.jstor.org/stable/23898720 [24.02.2017]. S. 236.

29 ebd. S. 236.

30 vgl. Loewe. S. 16.

31 Anmerkung: Neben *Der gute Handel* und *Der Jude im Dorn* spielt ein Jude eine Hauptrolle in dem Märchen *Die klare Sonne bringt's an den Tag*, dieses Märchen wird im vorliegenden Aufsatz aufgrund mangelnder Bezüge jedoch keiner Analyse unterzogen.

32 Bockwoldt (2011). S. 234.

33 Uther, Hans-Jörg (2013): Handbuch zu den „Kinder- und Hausmärchen" der Brüder Grimm: Entstehung, Wirkung, Interpretation. Berlin [u.a.]. _De Gruyter. S. 237.

34 vgl. Beitrag in diesem Band zu Fastnacht- und Purimspielen (Lavinia Eifler).

35 Bockwoldt (2011). S. 236f.

36 ebd. S. 241.

37 ebd. S. 243.

38 ebd. S. 238.

39 ebd. S. 237.

40 ebd. S. 245.

41 ebd. S. 245.

42 ebd. S. 247.

43 ebd. S. 246.

44 vgl. ebd. S. 247.

45 ebd. S. 249.

46 ebd. S. 249.

47 ebd. S: 243.

48 vgl. ebd. S. 248.

Kennen Sie „den“?

Jüdischer Witz als Kategorie

von Alexander Pinsky

Bei der Annäherung an den sogenannten „jüdischen Witz“ scheint es sinnvoll, einige Definitionsansätze genauer zu betrachten, um sich seiner vielfältigen Wesensdeutungen bewusst zu werden.

Einige Nennenswerte wären zum Beispiel: „Weil Kürze denn des Witzes Würze ist“, „Der Witz hole Verborgenes und Verstecktes hervor“, „Der Witz sage in wenigen Worten etwas aus.“, „Sinn im Unsinn, spielendes Urteil, Paarung von Unähnlichem, Vorstellungskontrast, Verblüffung und Erleuchtung“, sowie „Humor ist so etwas wie ein Selbstschutzprogramm der Seele“.[1]

Andererseits findet man die Möglichkeit, im Witz Verbotenes auszudrücken und auf diese Weise Entspannung zu schaffen. Spürbar ist hier eine Doppelfunktion, eine Doppelnatur des Witzes durch den Ausdruck von Ablehnung und Missbehagen, im Kontrast zur Auflockerung und Entspannung.

Der Witz ist die „Waffe des Wehrlosen, der zwar „mault“, sich aber mit seiner Lage doch halbwegs abfindet.“[2] Der Täter bedarf keines Witzes, wie Salcia Landmann postuliert.

Man tendiert dazu, dem „jüdischen Witz“ eine relativ deutliche Kontur zu geben, sprich, eine Thematisierung über eine heiter hingenommene Trauer anhand von Antinomien (eine wahre Aussage und ihre Negation) und Aporien (Ausweglosigkeit, das Problem eine philosophische Frage auf Grund von Widersprüchen nicht lösen zu können) ihres Daseins.[3] Eine solche Witzkultur behandelt dann zum Beispiel die koschere Küche, talmudische Kuriosa, Wunderrabbis, Schnorrer und andere folkloristische Themen.

Bei genauerer Betrachtung erscheint dieses (nur scheinbar) homogene Phänomen jedoch disparat, weil über historische Sammlungen jüdischer Witze sehr kontrovers diskutiert wurde bzw. wird.

Anthologien jüdischer Witze

Es gilt, sich dem jüdischen Witz unter anderem über die Literatur und Kritik einer großen Autorenschaft und deren vielfältigen Interpretationen zu nähern. Sammlungen zu „jüdischen Witzen", sogenannte Anthologien, gibt es schon gegen Ende des 18. Jahrhunderts.

Ein wichtiges Werk genuin jüdischer Witze stammt aus dem Jahre 1812. Dem Werk *Sammlung witziger Einfälle von Juden* von Lippmann Moses Büschentahl kommt eine besondere Stellung zu. Charakteristisch ist seine „Unvoreingenommenheit"[4]. Büschenthal will nur dasjenige berücksichtigen, „was die jüdische Nation von Seiten ihrer Geistesgegenwart charakterisiert"[5], ohne Rücksicht darauf zu nehmen, ob dies der Moral Ehre bringt oder nicht.[6]

In den 1820 Jahren pflegt Moritz Gottlieb Saphir den jüdischen Erzählwitz als komisches Genre. Er betreibt dabei jüdische Selbstverspottung und Bestätigung gängiger Stereotype mit Einfluss der eigenen Person. Sein scharfer Ton, seine Parodien führen zu den bekannten Zensurkonflikten seiner Zeit. Dabei werden jüdische Belange hier nur selten berührt, dann aber mit ganz eigener, zynisch sarkastischer Prägung.[7]

Laut Saphir sei der Witz der Juden auf ihr „hochtragisches" von Verfolgung und Unterdrückung geprägtes „Schicksal" zurückzuführen und gleiche deshalb dem Verhalten eines Gefangenen, dem nichts anderes übrigbleibe, „als in herzzerreißender Resignation, in der tollen Lustigkeit der Ohnmacht aus seinem Kerker herauszulachen."[8] Dies erklärt, dass einige jüdische Autoren die schärfsten Formen des Judenwitzes, wie man sie auch Heine nachsagt, als Ausdruck des Schmerzes für gerechtfertigt halten.

Jüdischer (?) Witz bei Heinrich Heine

Wichtigste Kennzeichen des „Judenwitzes" sind nach Meyer-Sickendiek ein frecher Sarkasmus, verletzende Polemik, Frivolität und damit Schreibweisen, die als negative Formen des Komischen angesehen werden und ganz wichtig, sich gegen den als positiv erachteten Humor deutscher Autoren wendet.[9]

„Dass Heine den Humor oder, wie man vielleicht doch besser sagt, die drollige Komik seiner Rasse besaß, bestreite ich nicht, sie amüsiert und auch, gewiß, doch lässt sie uns nur über Menschen und Dinge lachen, nicht mit den Menschen und Dingen, wie der deutsche Humor".[10] - Adolf Bartels 1906 in einer antisemitischen Streitschrift

Heines Witz galt für Bartels also nicht als heiterer Humor, sondern als Frechheit. Das führt dazu, dass es seit Heine eine Empörung der Deutschen gegenüber dem als bedrohlich empfundenen „Judenwitz" gibt. Schon im Vormärz (1830-48) wird an dem satirischen Wortwitz, zum Beispiel von Heine, Saphir und Ludwig Börne, scharfe Kritik ausgeübt.[11]

Um 1830 treten dann auch vermehrt antisemitische Witze auf, sodass sich viele jüdische Autoren von Heine distanzieren und betonen, dass sein Witz mit der jüdischen Herkunft nicht in Beziehung gesetzt werden könne. Saphir sieht den jüdischen Witz als eine existentielle Form der Klage über erlittenes Unrecht an, als Mittel der Selbstbehauptung im Kampf mit Vorurteilen und Restriktionen.

Diese affirmativen Reaktionen auf die Vorwürfe des vorhandenen Judenwitzes legen sehr nahe, dass es eine anders beschaffene Witztradition gibt, nämlich eine literarisch geprägte.[12]

Ursprung

Es gilt, den jüdischen Witz als Entwicklung aus den schwierigen Bedingungen der jüdischen Diaspora heraus zu betrachten:

> *„Daß aber die Juden insgemein so witzig sind, glauben wir ihrem, Jahrhundert lang erlittenen Druck, zuschreiben zu müssen. Noth und Schwäche - dieß lehrt uns das weibliche Geschlecht - gebären die List, und List ist die Mutter des Witzes; daher man auch unter den gedrückten und dürftigen Landjuden denselben bei weitem häufiger, als bey den reichen, antrifft.“*[13] - Büschenthal, 1812

Die Reaktionen jüdischer Autoren kennzeichnen sich durch den Gebrauch von „jüdischer“ Satire, Groteske, Parodie oder der Komödie. Dabei sind die Hintergründe der Stereotypenbildung für die Schreibstrategien sehr bedeutsam.

Wenn Heine (k)ein typischer Vertreter des jüdischen Witzes ist, andere wiederum dies leugnen und dafür plädieren, ihn wegen seiner unversöhnlichen Satire aus der Geschichte des jüdischen Humors auszugrenzen, stellt sich die Frage ob es denn nicht unmöglich sei, nach den Traditionslinien des jüdischen Witzes mit seinen disparaten Problemen zu fragen und einen Ursprungsort zu markieren?

Es soll an diese Frage anhand von Beispielen und verschiedenen Schwerpunkten der Geschichte des jüdischen Witzes herangeführt werden.

Bekannt ist, dass die jüdische Kultur den hohen Kulturen des Vorderen Orients angehört. Die Literatur ist sich einig, dass Witz sowie Legende vor allem im vorderasiatischen Gebiet sprossen, beispielsweise bei den Juden Babels, Persiens, Mittel- und Osteuropas. Ihr Witz handelt sich hauptsächlich um Trunkenheit, Weichheit, Wehmut, Demut, Milde, Leidesbereitschaft, Humor und Heiterkeit.[14]

Auch im Mittelalter waren es in Deutschland die Juden Vorderasiens, welche Sagen, Märchen und Schwänke mit dem Instrumentarium des Talmuds reizvoll, niveauvoll überarbeiten.

Inhalte

Zahllose Witze entstanden in der Frühen Neuzeit und kreisen sich um die stereotypen Figuren des Talmudstudenten, des reichen Geizkragen und des armen Schnorrers sowie um Disputationen zwischen Rabbis und christlichen Geistlichen.[16]

In der jüngeren Neuzeit wagt der jüdische Witz eine breit und tief angelegte Kritik am eigenen Religionsgesetz mit seinem scholastischen Ballast[17], der als überflüssig empfunden wird.

Es gibt Witze über gelehrte Rabbis, die den ungebildeten Chassidischen Wundertäter verspotten und umgekehrt.

Illustration eines jüdischen Witzes, Ingrid Klier.

Verspottet wird darüber hinaus auch die „gefährliche" Umwelt, in welcher sich die Juden befinden.

Streng zu unterscheiden sind hierbei selbstkritische und antisemitische Witze. Die harte Selbstkritik im Judenwitz führt oft dazu, dass er als antisemitisch abgelehnt wird. Selbstkritik und Selbsterniedrigung sind jedoch nicht das Gleiche. Das gesamte jüdische Schrifttum beinhaltet laut Landmann Selbstkritik. In der Königsgeschichte der Bibel werden alle Fehler und Verbrechen der Herrscher wie auch des Volkes gleichermaßen rücksichtslos aufgezählt.[18]

Wie unterscheidet man also echte selbstkritische Judenwitze von antisemitischen und verleumderischen?

Laut Landmann darf nur der echte Judenwitz den Juden ihre wirklichen Fehler und Sünden vorwerfen und nicht erfundene.[19]

Wucher und Schnorrer sind zum Beispiel negative Seiten des Geldverleihes. Die Juden Mitteleuropas durften über eine lange Zeitspanne keine anderen Berufe ausführen und wurden von daher auch kritisiert. Der Witz, der dem Juden Wuchergesinnung zusprechen möchte, ist von daher eine Mischform aus Selbstkritik und Verleumdung.[20]

Es gibt Witze, die den Juden mangelnde Reinlichkeit und Furcht vor dem Wasser nachsagen.

Dies ist zum Beispiel unzutreffend, da das jüdische Ritualgesetz sowohl für Männer als auch Frauen vorschreibt bei bestimmten Anlässen Tauchbäder zu nehmen und sich vor jeder Mahlzeit die Hände zu waschen.

Die mangelnde Hygiene, welche der christlichen Gesellschaft zur Zeit des Rokkoko zugesprochenen wird, kann also bei den orthodoxen Juden nicht zutreffen. Interessant ist jedoch, dass ursprünglich ein metaphysischer Schmutz gemeint ist sowie ein

„Gestank“, der auf Grund der fehlenden Taufe zustande käme. Sie würden direkt vom Teufel abstammen.[21]

Weiter sind auch militärische Witze über Feigheit recht beliebt.[22]

Diese antisemitischen Witze stehen im Kontrast zu genuin jüdischen Witzen, zum Beispiel über das Morden auf Kommando, ohne Not und gegen die eigene Überzeugung. Diese humane Stellungnahme fließt in militärische Witze mit ein.[23]

In der Geschichte wird die Ablehnung des Kampfes bei den „Ost-Juden“ als sehr situationsbedingt bewertet.

Eine weitere Art des antisemitischen Witzes handelt von Familiennamen. Gemeint sind hier die lustig anklingenden Namen Altösterreichs: Pulverbestandteil, Treppengeländer.[24]

Illustration eines jüdischen Witzes, Doris Barber.

Es gründet in der Namenbehörde, die sich solche Scherze mit mittellosen Juden erlauben. Wer Geld hatte, konnte sich durch Bestechung zur Wehr setzen.

> *Der Mann kommt vom Namensamt nach Hause.*
> *Die Frau neugierig: „Wie heißen wir jetzt?"*
> *„Schweißloch"*
> *„Aj waj! Konntest du nichts besseres aussuchen?"*
> *„Was heißt „aussuchen"? Bei der Räuberbande von Beamten? Schon das „W" allein kostet mich zwanzig Gulden extra!"*[25]

Besonderheiten

Man sagt den jüdischen Witzen nach, sie seien tiefer, schärfer, geistvoller und reicher variiert als die aller anderen europäischen und außereuropäischen Völker.

Da fragt man warum? Zwei Gründe wurden bereits erwähnt. Als *Erstes* der innere und äußere Druck durch die Erfahrungen des Lebens in der Diaspora. Als *Zweites* das Witztalent der vorderasiatischen Gruppe der Juden. Als *dritter Grund* gilt die Talmudtechnik der jüdischen Männer im Osten bis in die letzten Jahrzehnte hinein.

Wir nähern uns über die scharfsinnige, spitzfindige Talmuddebatte die angeblich den Geist schärft und von der der jüdische Witz immens profitiert. Ein Beispiel hierfür wäre, dass die bloße Lektüre des Talmuds schon eine Interpretation darstellt.[26]

Eine weitere Charakteristik ist, dass der Talmud rechtliche Fragen kasuistisch behandelt. Dies bezieht sich entweder auf die Sittenlehre oder auf die generell spitzfindige Argumentation.[27]

> *„Frisch Verwitweter vor dem Bild seiner Frau. „Da bist du, Teure! Nie sehen wir uns wieder – es sei denn im Jenseits! (Plötzlich unruhig:) Gibt es denn überhaupt ein Jenseits? (Beruhigt:) Mein Vetter Bielschofski sagt nein."*[28]

Wichtig ist aber vor allem, dass Außenstehende, die den Talmud nicht kennen oder ihn nicht im Originaltext gelesen haben oder überhaupt mit der jüdischen Kultur nicht bewandert sind, Schwierigkeiten haben werden, den Witz dahinter zu verstehen.[29]

Die Sprache

Laut Landmann ist das Aramäische von einem besonderen Geist: weich, volkstümlich, voller Nuancen von Humor und Wehmut.[30] Es eigne sich deshalb vortrefflich für die Formulierung von Witzen.

Die Sprache des neuen jüdischen Witzes aber sei das Jiddisch. Es gilt als vollwertige Kultursprache und entstand im Mittelalter als sich die Juden ostwärts ausbreiteten und sich dort mit den Ansässigen vermischten. Grammatikalisch und lexikalisch ist

Illustration eines jüdischen Witzes, Nicole Paul.

das Jiddische ein altes Deutsch mit Nuancen des Hebräischen aus dem kultischen und juristischen Bereich. Bei Übersetzung eines Witzes vom Jiddischen ins Deutsche verliere der Witz an Ausdruck.[31]

Die Zukunft des jüdischen Witzes

In Deutschland hat der jüdische Witz etwa zur Zeit Napoleons seinen Höhepunkt, jedoch ohne den kennzeichnenden Talmudschliff. Die traditionelle Talmudbildung sei seit dem Mittelalter zerfallen. Ohne den Talmudschliff fehlt jedoch ein wichtiges Element des jüdischen Witzes.

Im Osten hingegen bleibe der „Judenwitz", solange die Juden Zugang zur traditionsgebunden Bildungswelt finden, beständig.[32]

Heute sprechen einige Autoren nur noch von der ‚übriggebliebenen' Witzbegabung der Juden. Landmann ist beispielsweise der Meinung, dass das jüdische Volk den nationalsozialistischen Terror überlebt hat, nicht aber ihr Witz. Er gehöre heute weitgehend der jüdischen Vergangenheit an.[33]

1 Landmann, Salcia (2000): Der jüdische Witz. Soziologie und Sammlung. 2. Aufl. Düsseldorf. S. 13.

2 ebd. S. 13.

3 Schmid, Carlo: Einleitung. In: Landmann (2000). S. 9.

4 Och, Gunnar (2015): Die Erfindung des jüdischen Witzes. Diskursanalytische Überlegungen zu Texten des frühen 19. Jahrhunderts. In: Meyer-Sickendiek, Burckhard (Hg.): Der jüdische Witz. Zur unabgegoltenen Problematik einer alten Kategorie. Paderborn. S. 40.

5 ebd. S. 41.

6 vgl. ebd. S. 41ff.

7 vgl. ebd. S. 43f.

8 ebd. S. 44.

9 vgl. Och, Gunnar; Burkhard Meyer-Sickendiek: Einleitung, in: Meyer-Sickendieck, Burckhard (Hg.): Der jüdische Witz. Zur unabgegoltenen Problematik einer alten Kategorie. Paderborn, 2015 Einleitung. S. 9.

10 zitiert nach ebd. S. 12.

11 vgl. ebd. S. 12.

12 vgl. ebd. S. 12f.

13 zitiert nach Och (2015). S. 42.

14 vgl. Landmann (2000). S. 19.

15 vgl. ebd. S. 20.

16 vgl. ebd. S. 23.

17 ebd. S. 25.

18 ebd. S. 31.

19 vgl. ebd. S. 32.

20 vgl. ebd. S. 32.

21 vgl. ebd. S. 33.

22 vgl. ebd. S. 33f.

23 vgl. ebd. S. 34.

24 vgl. ebd. S. 35.

25 zitiert nach ebd. S. 35.

26 Landmann (2000). S. 37.

27 vgl. ebd. S. 38.

28 zitiert nach ebd. S. 38.

29 ebd. S. 38.

30 vgl. ebd. S. 39.

31 vgl. ebd. S. 40

32 vgl. ebd. S. 41.

33 vgl. S. 45f.

„Wenn der Rabbi Tacheles redet“

Ein Streifzug durch den jüdischen Humor

von Diethart Bischof

„Humor ist, wenn man trotzdem lacht“, das ist sicherlich einer der meist gehörten Sätze, wenn man jemanden auf das Thema Humor anspricht. Joachim Ringelnatz hat das ähnlich, aber eher im feuilletonistischen Stil. ausgedrückt, als er schrieb: „Humor ist der Knopf am Hemd, der verhindert, dass einem der Kragen platzt.“

Bei näherer Betrachtung stellt sich heraus, dass beiden Aussagen ein gemeinsames Thema zugrunde liegt. Wer sich im allgemeinen Verständnis humorvoll ausdrückt oder „etwas mit Humor nimmt“, der will an dem von ihm erwähnten Zustand Unbehagen oder sogar Kritik zum Ausdruck bringen, verkleidet diese aber heiter und unterhaltsam.

So kann ohne persönlichen Angriff Kritik geübt werden. Selbst in Diktaturen war es in der Vergangenheit möglich, auf diesem Wege geistige Opposition zu betreiben, ohne dass Sanktionen befürchtet werden mussten. Als Beispiele mögen hier die Witze in der ehemaligen DDR oder die Fragen an Radio Eriwan dienen:

Ein Mann bestellt einen Trabbi und fragt, wann der geliefert wird. Antwort: „In 10 Jahren“. Er will es genauer wissen, ob am Vormittag oder am Nachmittag. „Warum müssen Sie das so genau wissen?“ fragt der Beamte. Antwort: „Weil am Vormittag schon der Klempner kommt.“

Frage an Radio Eriwan: „Warum empfange ich Sie in letzter Zeit so schlecht?“ Antwort: „Wir senden aus Sibirien.“

Hiermit nähern wir uns einem der Kernthemen des jüdischen Humors: der Witz als Waffe der Unterdrückten und scheinbar

Wehrlosen. Ihre besondere Ausprägung hat diese Gattung im sog. Ostjudentum erfahren, wo die jüdische Bevölkerung immer wieder Vertreibungen und Pogromen durch das zaristische Russland ausgesetzt war. Da ein offener Widerstand der in der Diaspora lebenden jüdischen Gemeinden nicht in Frage kam, verlegte man sich auf verbale und subversive Nadelstiche. Unvergessen die Antwort des Milchmanns Tevje aus dem Musical „Anatevka", auf die Frage eines Kosakenoffiziers, wie er es denn mit dem Zaren halte, : "Gott erhalte ihn…" und leiser „und er halte ihn uns vom Leibe."

Auf dünnerem Eis bewegte sich ein jüdischer Lieferant von Gasmasken, der vom General aufgefordert wurde, deren Dichtigkeit in einem mit Gas gefüllten Raum zu beweisen. Der Test verlief positiv und erleichtert verließ der Händler mit dem Auftrag in der Tasche den Raum, als er auf einen anderen jüdischen Händler traf. „Ich habe Blut und Wasser geschwitzt, als ich unter der undichten Maske war und dachte, mein letztes Stündlein hätte geschlagen!" Sein Freund beruhigte ihn: „Keine Aufregung, schließlich habe ich das Gas geliefert!"

Den jüdischen Witz ausschließlich als Waffe der Wehrlosen zu betrachten, greift jedoch zu kurz, insbesondere, wenn es um die weitere Geschichte der jüdischen Bevölkerung in Europa geht. Viele Witze und Anekdoten wurden aus dem osteuropäischen Raum überliefert, selbstverständlich in der Sprache Ostjiddisch. Mit den Auswanderungswellen der Ostjuden im späten 19. und frühen 20. Jahrhundert breitete sich das Jiddische westwärts aus und gelangte in die neuen jüdischen Zentren in Amerika, Westeuropa und nach Israel.

Salcia Landmann, Jahrgang 1911, geboren in Galizien (heute Ukraine), begann früh , ihr bekannte und zugetragene Witze und

Anekdoten zu sammeln, die sie im Jahre 1960 in einem ersten Band herausgab. Ein Glücksfall, denn bis dahin wurden diese ausschließlich mündlich tradiert. Bis 2011 erreichten Landmanns Bücher eine Gesamtauflage von über 1 Million Exemplare. Die über 3000 Beispiele zeugen von Trauer über das durch die deutsche Besetzung zerstörte Kulturgut, sind aber auch Beispiele für Trotz, Überlebenswillen und sogar Übermut.

Wenn man sich dem jüdischen Humor nähert, kristallisieren sich einzelne Themenkreise heraus, um die sich Witze und Anekdoten ranken. Für jede dieser Gruppen soll ein zutreffendes Beispiel angeführt werden. Im Nachfolgenden wird ausschließlich von „Jüdischen Witzen" und keinesfalls von „Judenwitzen" gesprochen , denn - so hat es Prof. Carlo Schmid in einem Vorwort ausgeführt – der jüdische Witz betrachtet das Judentum von innen, der Judenwitz von außen und bewegt sich damit nahe am Antisemitismus. Einer der charakteristischen Züge des jüdischen Humors ist die erstaunliche Respektlosigkeit selbst gegenüber der eigenen Religion, ohne jedoch jemals blasphemisch zu werden. Besonders der Rabbi ist immer wieder eine Zielscheibe des Spottes, oft wird versucht, ihn „aufs Glatteis zu führen", aber natürlich geht der Rabbi stets als Sieger aus der Geschichte hervor.

Witze, die sich mit der Ausübung und der Auslegung der religiösen Vorschriften beschäftigen, halten oft einen praktikablen Weg bereit, um diese schlitzohrig zu umgehen, ohne sein Gesicht verlieren zu müssen. Gern erklärt der Rabbi volksnah und verständlich die Auslegung der Thora. Ein Rabbi entdeckt im Wald ein Findelkind und überlegt, wie er es säugen könnte. Er bittet Gott um ein Wunder, dass ihm Brüste wachsen mögen und wird erhört. Die Gemeinde fragt daraufhin, warum Gott ihm nicht Geld gegeben habe, damit er eine Amme beschäftigen könne. Darauf der Rabbi: „Warum soll Gott Geld ausgeben, wenn er sich mit einem Wunder helfen kann".

Eine andere Kategorie von Witzen hat ebenfalls den Rabbi im Mittelpunkt, und zwar nicht als den Seelenhirten der Gemeinde, der auf alle Lebensfragen einen praktischen Rat weiß, sog. „Etzes", sondern als einen Menschen mit Schwächen. Der Rabbi geht bei herrlichem Wetter am Sabbat heimlich auf den Golfplatz. Es ist früh und er ist allein. Beim schwierigsten Schlag gelingt ihm ein „hole in one" und Petrus wendet sich entsetzt an Gott: „Wie konntest du diesen Frevel zulassen?". Darauf Gott: „Wem soll er es erzählen?".

In der nächsten Kategorie haben wir es mit dem jiddischen Wort „Chuzpe" zu tun. Wie viele jiddische Wörter ist es eigentlich nicht übersetzbar, selbst renommierte Zeitungen haben kapituliert und verwenden den Begriff im Original. In dem Begriff mischen sich Frechheit, Unverschämtheit, Schlitzohrigkeit – aber, das ist das Besondere - er ist weitestgehend positiv besetzt. Ein Mann ist angeklagt, seine Eltern erschlagen zu haben. Auf die Frage des Richters, ob er etwas zu seiner Verteidigung zu sagen habe, antwortet er: „Ich bitte um mildernde Umstände, weil ich ja jetzt Vollwaise bin."

Ein beliebtes Objekt jüdischer Witze ist die Umgehung der komplizierten jüdischen Speisegesetze „koscher" oder „trefe", also rituell rein oder unrein. Ein Jude steht in einem Metzgerladen und deutet auf einen Schinken. „Ich hätte gern von diesem Fisch dort!" Der Metzger: „Aber das ist doch Schinken!" Darauf der Jude: „Habe ich Sie gefragt, wie der Fisch heißt?"

Ab der Mitte des 19 Jahrhunderts beginnt sich die ehemalig Rolle der Wehrlosen und Unterdrückten zumindest außerhalb von

Osteuropa grundsätzlich zu wandeln Durch entsprechende Verbote wurden Juden gewissermaßen in bestimmte Berufsgruppen gedrängt, u.a. dem Geldhandel, der Medizin, der Juristerei und auch in weiteren Naturwissenschaften.

Natürlich hat sich auch der jüdische Witz diesen speziellen „jüdischen Berufen“ gewidmet, wobei die Förderung des Nachwuchses nicht früh genug beginnen konnte. Einer Jüdin wird eröffnet, dass sie Zwillinge erwartet. Ihre einzige Frage an den Gynäkologen: „Sagen sie Herr Doktor, wer wird sein der Arzt und wer der Rechtsanwalt?“

Die Selbstgewissheit, das „auserwählte Volk“ zu sein, offenbart sich auch in Witzen und Anekdoten, die gleichzeitig auch ein Ventil gegen die zum Teil heftigen Diskriminierungen durch die christliche Mehrheitsgesellschaft darstellen. Eine Anekdote mag dieses Paradoxon verdeutlichen. Der Rabbi wird gefragt, ob Kindermachen Arbeit oder Vergnügen sei. Er antwortet spontan: „Es ist natürlich Vergnügen, denn wäre es Arbeit, würden wir das die Gojim machen lassen.“ (Goj: ein Nichtjude, in der Regel Christ, Plural Gojim).

Wer glaubt, dass der jüdische Witz während des Nationalsozialismus in der Versenkung verschwunden wäre, der wird durch die Vielzahl kursierender Anekdoten und Witze bis in die Gegenwart eines Besseren belehrt. Die Grundbestandteile des jüdischen Witzes, nämlich Verarbeitung von Trauer um das Verlorene und die Sehnsucht danach, nehmen selbstredend großen Raum ein. Zwei Juden ist die Auswanderung in die USA gelungen, wo sie in sehr ärmlichen Verhältnissen leben. Beim Besuch des einen entdeckt sein Freund ein Hitler-Bild über dessen Bett. Auf die

Frage, warum er das dort angebracht habe, antwortet dieser: „Gegen das Heimweh“.

Auch nach 1945 ist, entgegen der Prophezeiung Salcia Landmanns, der jüdische Witz lebendig. Die unbeholfene Aufarbeitung der Shoa durch die deutsche Bevölkerung mag die folgende Anekdote verdeutlichen: Zum Ende der 50er Jahre des vorigen Jahrhunderts begann die Motorsierung in Deutschland. Ein Autofahrer wird von einem anderen dermaßen geschnitten, dass er einen Zusammenstoß nur mühsam vermeiden kann. Beide Fahrer steigen aus, und der fast Geschädigte stürzt auf den anderen Fahrer zu und fragt ihn „Sind Sie Jude?“.Als dieser verneint, holt er aus und versetzt ihm einen Fausthieb.

Die Geschichte des jüdischen Witzes setzt sich im modernen Israel mit Witzen fort, die vor Selbstbewusstsein und dem Bewusstsein durch die „Sabres“ – die in Israel Geborenen - für die eigene Stärke strotzen. Aber trotzdem muss dieses Land in ständiger Bedrohung durch seine Nachbarn leben. Ein eher harmloser Witz aus dem Alltagsleben in Tel Aviv mag das verdeutlichen. Ein Autofahrer versucht in der Innenstadt von Tel Aviv einen Parkplatz zu finden, findet aber nur einen im Halteverbot. In seiner Not wendet er sich an einen Polizisten und fragt ihn, ob er seinen Wagen dort abstellen kann. „Nein, auf keinen Fall, hier ist Halteverbot“ bekommt er zur Antwort. Mit Blick auf die vielen anderen Fahrzeuge, die im Halteverbot abgestellt sind, fragt er den Polizisten:“Aber was ist mit den anderen Autos, die hier stehen?“ Er bekommt zur Antwort: „Die haben auch nicht gefragt.“

Natürlich hat sich der jüdische Witz auch dem Talmud angenommen, dem Regelwerk, wie die biblischen Texte der Tora auszulegen sind. Die Schwierigkeit besteht nur darin, dass dies sich einem Laien zum Thema jüdische Religion ohne größere Erläuterungen nur schwer erschließt.

So soll sich am Ende dieses Textes der Kreis wieder zu Salcia Landmann schließen. An Ihrem 90. Geburtstag im Jahre 2001 wurde sie in ihrem Haus in St. Gallen gefragt, wie sie die Zukunft des jüdischen Witzes sehe. Ihre Antwort war so präzise, wie sie in ihren zum Teil extrem bissigen anti-kommunistischen Ausführungen auch reagiert hat. Sie sagte sinngemäß, dass der jüdische Witz aussterben werde, denn um ihn zu genießen, müsse man orthodoxer Jude sein, und die verstünden bekanntlich keinen Spaß. Bezogen auf den talmudischen Teil hatte sie sicherlich recht, aber z.B. der langjährige Präsident des Zentralrats der Juden in Deutschland, Paul Spiegel, hat mit seiner Sammlung jüdischer Witze diesen Teufelskreis durchbrochen. Selbstverständlich sollen auch Nichtjuden herzhaft über jüdische Witze lachen, und die Normalität im Zusammenleben zwischen Juden und Christen sei dann erreicht, wenn jemand auf die Aussage „Wussten Sie schon, der XYZ ist Jude?“ antwortet „Na und?“.

Literatur

Landmann, Salcia: Der jüdische Witz. Walter 13. Auflage. Zürich 1988.

Spiegel, Dina, Spiegel, Leonie (Hg): Jetzt mal Tacheles. Die jüdischen Lieblingswitze von Paul Spiegel. Artemis & Winkler 3. Auflage. o. O. 2009.

Humor ist, wenn man trotzdem lacht

Jüdische Komiker

von Elisabeth Schmidt

Jüdischer Humor – ein weites Feld! Mehr Klarheit herrscht bei der Definition „jüdischer Komiker", denn der Begriff meint allein die jüdische Abstammung. Kann man bei jüdischen Komikern eine von äußeren Einflüssen unabhängige, aus Raum und Zeit herausgelöste Konstante ‚jüdischen Humors' extrahieren? Lässt sich also „[...] eine bestimmte Zielrichtung jüdischen Humors – Ironie, Esprit, Selbstverspottung – aus[..]machen, oder ist solcherart Verallgemeinerung sinnlos, abwegig, witzlos?"[1] Eindeutigkeit besteht einzig in der Unterscheidung zwischen „Judenwitz" und „jüdischem Witz". Dabei entscheidet vor allem die Frage: Wer macht sich über wen lustig? Doch auch bei selbstironischen bzw. selbstverspottenden Witzen von Juden über Juden kommt die Frage auf: Was darf und kann Humor? Darf Humor antisemitische Klischees bedienen? Kann damit aufgezeigt werden, wie Antisemitismus funktioniert oder wirkt die humoristische Darstellung von Antisemitismus immer verharmlosend? Es scheint sich zu lohnen, einen ausschnitthaften Streifzug durch die Geschichte jüdischer Komik zu wagen, um einer Antwort auf oben gestellte Fragen näher zu kommen.

Zunächst: Die jiddische Sprache an sich ist nicht „lustiger" als andere, auch wenn ein weit verbreitetes Klischee das suggeriert. Zwar gibt es tatsächlich jiddische Ausdrücke wie „nu" und „nebakh", die keine bestimmte Bedeutung haben, sondern das Gesagte ironisch, satirisch oder spöttisch untermalen, doch besteht die Gefahr, dass versucht wird, einen antisemitischen Witz durch einen „jiddischen Akzent" als jiddischen Witz auszugeben.[2]

Der Streifzug beginnt mit der jüngeren jiddischen Literatur. Diese entstand Ende des 18. Jahrhunderts in Osteuropa. Parodie und Satire kamen dabei vor allem in west-jiddischen Komödien zum Einsatz, als sich Aufklärer mit der traditionellen Gesellschaft auseinandersetzten. Angeregt davon entwickelte sich die klassische jiddische Literatur, zu deren Hauptvertretern Scholem Alejchem[3] (1859-1916)[4] zählt. Obwohl sich dieser eher als Schriftsteller sah, wird er doch als Humorist eingeordnet. Er prägte das, was unter dem Begriff „Lachen unter Tränen" bekannt ist – dabei galt es, die ‚bittere Wahrheit' mit humorvollen Erzählungen zu versüßen.[5] Seine Sprache ist, bereichert von der jiddischen Idiomatik, besonders durch Wortspiele und Anspielungen geprägt. Hinter seinen an der Oberfläche scherzhaften Monologen tut sich jedoch ein tragisches Schicksal auf.[6] Durch sein Talent, gesellschaftliche Typen zu charakterisieren, beschreibt er dabei weniger Einzelschicksale, als dass er anhand verschiedener Sozialtypen die enormen gesellschaftlichen Veränderungen aufzeigt, denen die aschkenasisch-jüdische Gesellschaft seit Ende des 18. Jahrhunderts ausgesetzt war.[7] Scholem Alejchem erlangte durch seine humoristischen Erzählungen Berühmtheit und war in Folge dessen auch als „jiddischer Mark Twain" bekannt.[8]

Das Tätigkeitsfeld jüdischer Humoristen öffnete sich zu Beginn des 20. Jahrhunderts. Neben die Literatur, die den folkloristischen Humor aus den Schtetln Osteuropas verbreitete, trat zunächst die Publizistik, bei der die Karikatur einen besonderen Stellenwert einnahm.[9] Als explizit jüdische Zeitschrift ist vor allem der *Schlemiel* zu nennen, der 1903 bis 1906 von Samuel Moses, und erneut 1919 bis 1920 unter dem Titel *Schlemiel – jüdische Blätter für Humor und Kunst* von Manechem Birnbaum herausgegeben wurde. Im Schlemiel wirkten viele jüdische Autoren und Zeichner zusammen, die auf humorvolle Weise jüdische Kultur und jüdischen Alltag in Mitteleuropa reflektierten, sich aber auch politisch deutlich gegen Antisemitismus und den aufkommenden Nationalsozialismus positionierten.[10]

Als weiteres Ausdrucksmittel entfaltete sich das Kabarett, das sich nach französischem Vorbild Ende des 19. Jahrhunderts zunächst in Budapest, kurze Zeit später auch in Berlin, München, Prag und Wien entwickelte. Während man sich im 1912 gegründeten *Bierkabarett Simplicissimus*[11] ab den 1920er Jahren auch politischen Themen widmete, nahm das Unterhaltungskabarett immer mehr Revue-Charakter an. So unterschiedlich das politische Kabarett und das Unterhaltungskabarett waren, so unterschiedlich war auch der Umgang der mitwirkenden Humoristen mit ihrer jüdischen Herkunft. Dabei zeugte das Unterhaltungskabarett von der Assimilation jüdischer Künstler, welche zunehmend jüdische Traditionen verbargen.[12]

Einen Gegenpol dazu bildete Fritz Grünbaum (1880-1941), der seit 1912 im Wiener *Bierkabarett Simplicissimus* auftrat. Das Werk des in Mähren geborenen Humoristen reicht von Operetten und Monologen über Revuen zu mehr als 100 Schlagern.[13] Hochgelobt waren vor allem sein Wortwitz und seine Tiefsinnigkeit, die ihn zum Philosophen unter den Kleinkünstlern machten. Vorwiegend thematisierte Grünbaum humorvoll den Konflikt zwischen Mann und Frau, spielte ebenso mit dem Motiv des Doppelgängers und Alter Egos. Vor allem wusste er aber auch pointiert auf seine jüdische Herkunft hinzuweisen und präsentierte sich selbstironisch als Prototyp einer „jüdischen Physiognomie".[14]

1921 begegnete Fritz Grünbaum dem neuen Blitzdichter im Simplicissimus – Karl Farkas. Bald traten beide gemeinsam auf und machten die Doppel-Conférence zu ihrem Markenzeichen.[15] Dabei handelt es sich um eine dialogische Form des Kabaretts, deren Witz sich im Wechselspiel zweier Rollen – zwischen den prototypischen Extremen ‚Dumm' und ‚Klug' – entfaltet. Auch Farkas spielte vor dem Zweiten Weltkrieg und im Exil in New York gerne auf seine jüdische Herkunft an, wenn auch mehr durch jiddisch anmutende Reime denn inhaltlich. Nach dem Krieg erfuhr Farkas von der Ermordung Fritz Grünbaums im Konzentrationslager Dachau, auch seine beiden Schwestern verlor er im Krieg. Er legte fortan sein Judentum auf der Bühne ab, gab es ja kaum noch Juden, die entsprechende Pointen verstanden hätten. Sein neuer Doppel-Conférence-Partner wurde Ernst Waldbrunn. Es war schließlich der „Nachkriegs-Farkas", der seine „jiddelnde" Sprache abgelegt hatte, der durch regelmäßige Fernsehsendungen eine nie dagewesene Popularität erreichte.[16]

Mit Georg Kreisler wurde 1922 in Wien ein Humorist geboren, der das Spiel mit seiner jüdischen Herkunft wieder auf die Bühne brachte – und das schwärzer denn je. Kreislers Familie emigrierte 1938 in die USA und bis zu seinem Tod 2011 blieb er amerikanischer Staatsbürger, obwohl er nach dem Krieg immer wieder in Wien lebte und arbeitete. Seinen ersten festen Job als Entertainer erhielt er bereits in Amerika, wo er seit 1950 in der *Monkey Bar* in New York auftrat. Weil ihn das nicht ausfüllte, kehrte er 1955 nach Wien zurück. Dort trat er zunächst für und neben Gerd Bronner auf, doch seine schwarz-humoristischen und polarisierenden Lieder wie *Tauben vergiften im Park* wurden nicht nur positiv aufgenommen. Verstärkt setzte sich Kreisler seit den 1960er Jahren mit seiner jüdischen Herkunft auseinander. Paradigmatisch dafür stehen die Schallplatte *Nichtarische Arien (1966)* und die Szenenfolge *Heute Abend: Lola Blau (1971)*.[17] Im Gegensatz zu Farkas, der eher dem Unterhaltungskabarett zuzuordnen ist, präsentierte sich Kreisler linksliberal, sympathisierte mit der 1968er Bewegung und war in seinem schwarzen Humor stets

Schallplatte Doppelkonference Karl Farkas – Ernst Waldbrunn „Der Gescheite und der Blöde“, Wien 1960.

ideologiekritisch. Zudem reflektierte er wie kein anderer seine jüdische Identität.[18]

In den USA wurden im 20. Jahrhundert überproportional viele jüdische Humoristen berühmt – besonders in Film und Fernsehen. Als Wegbereiter und frühes Beispiel sind die *Marx Brothers* zu nennen. Die fünf Söhne jüdischer Immigranten aus Deutschland und Frankreich, alle zwischen 1887 und 1901 in New York geboren, stehen paradigmatisch für die Erfahrung von Einwanderung und zeigen deren größte Probleme auf. Die Charaktere der Marx Brothers, besonders das Trio Groucho, Chico und Harpo, nahmen dabei Elemente wie den Verbalwitz aus der jüdischen Tradition auf und transformierten diesen zu einem urbanen Witz, der auch unter einem breiteren, nicht-jüdischen Publikum Anklang fand.[19]

Besondere Popularität, auch in internationalem Kontext, erreichte Woody Allen. 1935 als Allen Stewart Konigsberg geboren und in jiddischem Umfeld aufgewachsen, arbeitete er in allen nennenswerten Bereichen jüdisch-amerikanischen Humors: Theater, Literatur, Stand-up-Comedy und Film.[20] Hauptsächlich war und ist er als Regisseur und Schauspieler in der Filmindustrie beschäftigt. Musik und jüdisches Leben sind dabei unabdingbarer Bestandteil seines Schaffens.[21] Das Jüdische ist wohl am deutlichsten in seinem vierfach mit dem Oscar ausgezeichneten Werk *„Der Stadtneurotiker“ (1977)* spürbar, in der Geschichte um einen neurotischen, jüdischen New Yorker Antihelden und um die Konfrontation zwischen Juden und Nicht-Juden.[22] Neben der jüdischen Identität als Anlass für Ironie und Sprachwitz, ist es aber vor allem die Absurdität des Lebens, sind es interkulturelle und interreligiöse Aspekte, die Woody Allen immer wieder aufgreift.[23]

Heft „Verlogene Wahrheiten“, Fritz Grünbaum Wien/Leipzig um 1915.

Ebenfalls in der Filmbranche tätig, jedoch in Großbritannien gebürtig, ist Sacha Baron Cohen. In einer mittelständischen jüdischen Familie in England aufgewachsen, schloss er sein Geschichtsstudium an der Universität Cambridge ab, um sich bald darauf der Schauspielerei zuzuwenden. Ende der 1990er Jahre gelang ihm der Durchbruch mit der Kunstfigur des Ali G. Das Motiv des Alter-Egos behielt Cohen in seinen folgenden Filmen und Fernsehshows bei. Dabei entstanden Kunstfiguren wie Admiral General Aladeen in *„Der Diktator“* und der berühmte kasachische Reporter Borat in *„Borat – Kulturelle Lernung von Amerika um Benefiz für glorreiche Nation von Kasachstan zu machen“*. Diesen oftmals als geschmacklos wahrgenommenen Figuren ist gemeinsam, dass sie bestimmte Vorurteile verkörpern und Positionen vertreten, die gesellschaftlich und

Heft „Schlemiehl", Jüdische Blätter für Humor und Kunst, „Polnisches Programm", Titel-Illustration von Menachen Birnbaum, 1919.

politisch als unkorrekt gelten. In der Rolle seiner Kunstfiguren demaskiert Cohen sein ahnungsloses Gegenüber und lässt dessen Vorurteile an die Oberfläche kommen. Damit entlarvt er allgemeine gesellschaftliche Grundhaltungen.[24]

Abgesehen von Woody Allen und Ephraim Kishon war von ‚jüdischem Humor' in Deutschland nach dem Zweiten Weltkrieg einige Jahrzehnte lang sehr wenig zu vernehmen. Das änderte sich 2006 mit dem Auftreten des deutsch-jüdischen Stand-up-Comedian Oliver Polak. Seine Bühnenprogramme und Bücher tragen Titel wie *„Jud Süßsauer"* oder *„Ich bin Jude, ich darf das"*, dessen Buchtitel ein deutscher Schäferhund mit Davidstern und SS-Mütze schmückt – visueller Ausdruck der tabubrechenden, oftmals politisch inkorrekten und polarisierenden Inhalte.[25] Wirft ihm jemand vor, es sei nicht in Ordnung, Witze über Auschwitz zu machen, lautet seine Antwort: *„Mach ich ja nicht. Bei mir geht es darum, meine Geschichte zu erzählen, und die ist halt so, wie sie ist. In meinen Gags geht es auch weniger um den Holocaust als vielmehr um den heutigen Umgang damit, sie spiegeln die Realität wieder."*[26] Damit wird deutlich, dass seine

Witze weniger den Anspruch haben, politisch zu sein, als dass sie biographische Anekdoten sind[27], laut eigener Aussage basierend auf seinen drei Säulen: Oliver *Polak* aus *Papenburg* und *jüdisch.*[28] Bei seinem Spiel zwischen Grauen und Lachen bleibt letzteres dem Zuschauer oftmals im Halse stecken, dennoch sind seine Shows ausgebucht.

Einzigartig in Deutschland sucht seit 2015 Shahak Shapira die Öffentlichkeit. Weil er in einer Berliner U-Bahn antisemitische Gesänge[29] aufgenommen und gefilmt hatte, wurde er angegriffen. Das darauffolgende Mediengewitter machte den studierten Artdirector bekannt. Seitdem ist er als „jüdische Stimme" gefragt, schreibt Zeitungsartikel, gibt Interviews. 2016 wurde sein Buch *„Das wird man ja wohl noch schreiben dürfen! Wie ich der deutscheste Jude der Welt wurde"* veröffentlicht. Der Titel verrät, dass darin viel Biografisches enthalten ist.[30] Anders als Oliver Polak wurde Shahak Shapira in Israel geboren und zog mit 14 Jahren nach Deutschland, in eine Kleinstadt und zugleich NPD-Hochburg in Sachsen-Anhalt.[31] Er sagt von sich selbst, er sei kein religiöser Mensch, für ihn ist sein Judentum eine kulturelle Angelegenheit.[32] Wie gnadenlos Shapira Satire teilweise benutzt, um auf Missstände aufmerksam zu machen, zeigt sein jüngstes Projekt, das den Titel „Yolocaust" trägt – eine Mischung aus dem Jugendwort YOLO (‚You only life once') und dem Wort ‚Holocaust'. Dafür hat er aus sozialen Netzwerken Fotos von bizarr posierenden Menschen am Holocaust-Mahnmal in Berlin gesucht, die unter teilweise schockierenden Titeln wie „Jumping on dead jews" veröffentlicht wurden. Der Künstler tauschte den Hintergrund dieser Bilder mit historischen Fotografien des Holocausts aus und veröffentlichte diese auf einer Website.[33]

Die Ausgangsfrage, ob eine Konstante „jüdischen Humors“ extrahierbar ist, kann mit einer so fragmentarischen, wie der hier vorliegenden, Untersuchung nicht geklärt werden – im Beitrag sollte das Themenfeld lediglich schlaglichtartig beleuchtet werden. In Israel geborene Humoristen wurden beispielsweise bewusst aus dem Fokus der Betrachtung gerückt. Es wird der Komplexität der Sache nicht gerecht, jüdischen Humor lediglich als „Bewältigungsstrategie“ darzustellen, welcher eine notwendige Auf- und Verarbeitung der Judenverfolgung immanent ist. Die aufgezeigten humoristischen Stilmittel – Wortwitz, Ironie, Selbstverspottung etc. – können in der jiddischen Literatur deutlich ausgemacht werden und gelten als typische Charakteristika des jüdischen Humors.

Spätestens seit der Shoah ist dieser jedoch in einem globalen Kontext zu betrachten. Die stark divergente Lebenswelt von jüdischen Humoristen, aber schlicht auch persönliche Tendenzen, machen das Unterfangen, ‚jüdischen Humor‘ zu definieren, unmöglich. So haben sich schon in diesem kurzen Beitrag verschiedenste Formen aufgezeigt, wie Komiker mit ihrem Jüdisch-Sein umgehen oder umgegangen sind – offen oder zurückgezogen, politisch oder biographisch, polarisierend oder subtil. Einige jüdische Humoristen griffen bewusst antisemitische Klischees auf und ernteten dafür sowohl Lob als auch Kritik von Seiten des jüdischen wie nicht-jüdischen Publikums.

Schlussendlich kann der Leser dieses Beitrags nur dazu ermuntert werden, sich selbst auf Entdeckungsreise in die Welt jüdischer Humoristen zu begeben, um sich ein eigenes Bild dessen zu machen, was jüdischen Humor ausmacht.

1 Kluy, Alexander: Witze mit Bart. Eine Schau über jüdischen Humor in Wien [online]. Verfügbar unter: http://www.juedische-allgemeine.de/article/view/id/15616, Zugriff am: 07.02.2017.

2 Vgl. Soxberger, Thomas: „Lakhn aftselokhes" oder Haben Juden eigentlich Humor. Jiddischer Witz und ostjüdische Lebenswelt, in: Alles Meschugge? Jüdischer Witz und Humor (Ausst.-Kat. Wien, Jüdisches Museum Wien) hrsg. von Marcus G. Patka, Alfred Stalzer, Wien 2013, S. 29.

3 Ebd. S. 31.

4 Vgl. Soxberger, Thomas: Scholem Alejchem. Der Meister der jiddischen Literatur, in: Alles Meschugge? Jüdischer Witz und Humor (Ausst.-Kat. Wien, Jüdisches Museum Wien) hrsg. von Marcus G. Patka, Alfred Stalzer, Wien 2013, S. 371.

5 Vgl. Soxberger „Lakhn aftselokhes" 2013, S. 31.

6 Vgl. Soxberger Scholem Alejchem 2013, S. 371.

7 Vgl. Vgl. Soxberger „Lakhn aftselokhes" 2013, S. 32.

8 Vgl. Soxberger Scholem Alejchem 2013, S. 372.

9 Vgl. Patka, Marcus G./ Stalzer, Alfred: Alle Meschugge? Jüdischer Witz und Humor. Ein unerschöpfliches Thema als Gegenstand einer Ausstellung, in: Alles Meschugge? Jüdischer Witz und Humor (Ausst.-Kat. Wien, Jüdisches Museum Wien) hrsg. von Marcus G. Patka, Alfred Stalzer, Wien 2013, S. 24.

10 Vgl. Heinisch, Severin: Die Karikatur im Judentum, in: Alles Meschugge? Jüdischer Witz und Humor (Ausst.-Kat. Wien, Jüdisches Museum Wien) hrsg. von Marcus G. Patka, Alfred Stalzer, Wien 2013, S. 117f.

11 Vgl. Patka, Marcus G./ Stalzer, Alfred: Lachen in der Krise. Kabarett im Wien der Zwischenkriegszeit, in: Alles Meschugge? Jüdischer Witz und Humor (Ausst.-Kat. Wien, Jüdisches Museum Wien) hrsg. von Marcus G. Patka, Alfred Stalzer, Wien 2013, S. 67f.

12 Vgl. Patka/ Stalzer Alle Meschugge? 2013, S. 24.

13 Vgl. Arnbom, Marie-Theres: Fritz Grünbaum. Hab'n Sie das Fräul'n Helen baden seh'n?, in: Alles Meschugge? Jüdischer Witz und Humor (Ausst.-Kat. Wien, Jüdisches Museum Wien) hrsg. von Marcus G. Patka, Alfred Stalzer, Wien 2013, S. 312.

14 Vgl. Patka / Stalzer Lachen in der Krise 2013, S. 69.

15 Vgl. Arnbom Fritz Grünbaum 2013, S. 313.

16 Vgl. Markus, Georg: Karl Farkas. Dreimal Farkas in ein Leben verpackt. In: Alles Meschugge? Jüdischer Witz und Humor (Ausst.-Kat. Wien, Jüdisches Museum Wien) hrsg. von Marcus G. Patka, Alfred Stalzer, Wien 2013, S. 303-306.

17 Vgl. Stalzer, Alfred: Biografische Notizen zu Georg Kreisler. Allein wie eine Mutter Seele, in: Alles Meschugge? Jüdischer Witz und Humor (Ausst.-Kat. Wien, Jüdisches Museum Wien) hrsg. von Marcus G. Patka, Alfred Stalzer, Wien 2013, S. 333ff.

18 Vgl. Patka, Marcus G./ Stalzer, Alfred: Wien, Stadt des Vergessens, in: Alles Meschugge? Jüdischer Witz und Humor (Ausst.-Kat. Wien, Jüdisches Museum Wien) hrsg. von Marcus G. Patka, Alfred Stalzer, Wien 2013, S. 174.

19 Vgl. Waldoks, Moshe: Jüdischer Humor als elementarer Bestandteil amerikanischer Kultur, in: Alles Meschugge? Jüdischer Witz und Humor (Ausst.-Kat. Wien, Jüdisches Museum Wien) hrsg. von Marcus G. Patka, Alfred Stalzer, Wien 2013, S. 208ff.

20 Vgl. Leonhard, Pat: Woody Allen. Der brennende Dornbusch, in: Alles Meschugge? Jüdischer Witz und Humor (Ausst.-Kat. Wien, Jüdisches Museum Wien) hrsg. von Marcus G. Patka, Alfred Stalzer, Wien 2013, S. 278ff.

21 Vgl. Krenn, Günter: Warum es keine Woody-Allen-Filme gibt. Und warum möglicherweise doch, in: Alles Meschugge? Jüdischer Witz und Humor (Ausst.-Kat. Wien, Jüdisches Museum Wien) hrsg. von Marcus G. Patka, Alfred Stalzer, Wien 2013, S. 282ff.

22 Vgl. Waldoks 2013, S.211.

23 Vgl. Dorchain, Claudia Simone: Jüdischer Humor in Deutschland [online]. Verfügbar unter: http://www.bpb.de/geschichte/zeitgeschichte/deutschlandarchiv/132866/juedischer-humor-in-deutschland?p=all, Zugriff am: 09.02.2017.

24 Vgl. Stalzer, Alfred: Sacha Baron Cohen. Brachial, geschmacklos, ordinär oder einfach genial? In: Alles Meschugge? Jüdischer Witz und Humor (Ausst.-Kat. Wien, Jüdisches Museum Wien) hrsg. von Marcus G. Patka, Alfred Stalzer, Wien 2013, S. 295ff.

25 Vgl. Dorchain Jüdischer Humor in Deutschland [online].

26 Patka, Marcus G.: „Jud Süßsauer". Oliver Polak im Interview, in: Alles Meschugge? Jüdischer Witz und Humor (Ausst.-Kat. Wien, Jüdisches Museum Wien) hrsg. von Marcus G. Patka, Alfred Stalzer, Wien 2013, S. 184.

27 Vgl. Dorchain Jüdischer Humor in Deutschland [online].

28 Vgl. Patka „Jud Süßsauer 2013, S. 183.

29 Vgl. Schaaf, Julia: Ein Fall für sich [online]. Verfügbar unter: http://www.faz.net/aktuell/gesellschaft/menschen/shahak-shapira-gilt-als-junge-juedische-stimme-13511470.html?printPagedArticle=true#pageIndex_2, Zugriff am 10.02.2017.

30 Vgl. Autorenporträt des Rowohlt-Verlags [online]. Verfügbar unter: http://www.rowohlt.de/autor/shahak-shapira.html, Zugriff am 10.02.2017.

31 Vgl. Shapira, Shahak: Wie ich als 14-jähriger Jude aus Israel in eine NPD-Hochburg in Sachsen-Anhalt zog [online]. Verfügbar unter: https://www.vice.com/de/article/wie-ich-mit-14-jahren-aus-israel-in-eine-npd-hochburg-in-sachsen-anhalt-einwanderte, Zugriff am 10.02.2017.

32 Vgl. Schaaf Ein Fall für sich [online]

33 Vgl. Boeselager, Matern: Dieser Typ baut KZ-Bilder hinter dein Mahnmal-Selfie [online]. Verfügbar unter: https://www.vice.com/de/article/dieser-typ-baut-kz-bilder-hinter-dein-mahnmal-selfie, Zugriff am 10.02.2017.

Da hört(e) der Spaß auf

Der Karneval und das Dritte Reich

von Ryan McDaniel

Die Ausstellung „jüdisch jeck" spart auch das dunkle Kapitel in der Geschichte des Karnevals während der Zeit des Nationalsozialismus nicht aus. Am Beispiel des Kölner Karnevals wird dargestellt, wie das nationalsozialistische System auch auf den Karneval Einfluss nahm.

Joseph Goebbels plante schon wenige Monate nach der „Machtergreifung", Fest- und Feiertage für Propagandazwecke zu nutzen.[1] Auch die Karnevalsorganisationen sollten, zunächst auf lokaler Ebene, dann zunehmend regional, ideologisch vereinnahmt werden. Ziel war es, die Feierlichkeiten zu instrumentalisieren und selbst die Freizeitvergnügen gleichzuschalten.

Die Karnevalsvereine in München sind bereits im Jahr 1933 inhaltlich und organisatorisch weitgehend auf der Linie der Nationalsozialisten, auch die Freiburger Narrenzünfte zeigen sich obrigkeitshörig, auch, um möglichst schnell an finanzielle Zuschüsse zu gelangen.[2] Die „Gleichschaltung" verlief also von Stadt zu Stadt in unterschiedlichem Tempo. Trotz der Gründung des „Bund Deutscher Karneval" (BDK) im Jahr 1937 auf Reichsebene, wurden die verschiedenen Vereine und Kommunen nicht alle sofort in diesen Dachverband eingegliedert.[3]

Der BDK schrieb unter anderem vor, dass die Mitgliedschaft und eine behördliche Erlaubnis verpflichtend wären, um überhaupt Karneval feiern zu dürfen.[4] Das NS-Regime beabsichtigte, jegliche Form des privaten, spontanen und individuellen Feierns möglichst zu verdrängen und die „Volksgenossen" in die öffentlich inszenierten Feste miteinzubinden.[5] Die Propagierung und Erzeugung einer „Volksgemeinschaft", im überregionalen bzw. reichsweiten Kontext, durch den Karneval erreichte nicht das erhoffte Ausmaß. Es mangelte an Liedern mit inhaltlichem Bezug

Faschingsumzug in den 1930er Jahren in Rothenburg o. d. T. mit antisemitischer Fußgruppe.
Foto: Reichsstadtmuseum Rothenburg o. d. T., Sammlung Richard Wagner.

zum Deutschen Reich, es gab unterschiedliche Bezeichnungen für das Fest je nach Region, sei es „Karneval", „Fastnacht" oder „Fasching", und die regionalen Eigenarten wurden seitens der Presse, der Karnevalisten und von staatlicher Seite stark betont.[6]

Für die Institutionalisierung des Karnevals durch den BDK sorgte das im Jahr 1933 verabschiedete „Reichskulturkammergesetz". Exklusive Maßnahmen bestanden darin, dass die Mitgliedschaft für alle Kulturschaffende wie z. B. Künstler, Musiker, Schriftsteller zur Berufsausübung verpflichtend war und eine „arische" Abstammung und politische Loyalität Grundvoraussetzungen für den Beitritt bildeten.[7] Zusätzlich gab es eine Überwachung jenseits des Festgeschehens. Vor allem seit dem Erlass der Nürnberger Gesetze wurde kontrolliert, ob die Mitglieder persönliche oder wirtschaftliche Kontakte zu den entrechteten Juden pflegen.[8]

Sanktionen wurden mit der im Jahr 1933 in Kraft getretenen Verordnung „Zur Abwehr heimtückischer Angriffe gegen die Regierung der Nationalen Erhebung", dem sogenannte „Heimtückegesetz", begründet.[9] Verbale Attacken gegen führenden Personen oder „Einrichtungen des staatlichen und geistigen Lebens" waren bei Strafandrohung zu unterlassen.[10] Auch staatstragende Symbole wie das Hakenkreuz oder die NS-Uniformen, durften im karnevalistischen Treiben keinesfalls verspottet oder missbraucht werden, um ihre „heilige Wirkung" aufrechtzuerhalten.[11] Die Grenzen regimekritischer Äußerungen waren klar umrissen: Man sollte „kritischen Humor dulden, um keine Unruhe zu schüren oder sogar [zu befördern] [...], um damit Meinungsfreiheit zu suggerieren und gleichzeitig den Unterhaltungswert zu steigern."[12] Nur in geringem Maße durfte Kritik an den Verhältnissen anklingen, beispielsweise während der Kölner

Session 1936/37 anhand von Hinweisen auf die Engpässe bei der Lebensmittelversorgung. Manche Traditionen wurden im Laufe der NS-Herrschaft modifiziert. Zwei Paradebeispiele aus dem Kölner Karneval sind die Besetzungen der Funkenmariechen ab 1935 und der Jungfrauen des Dreigestirns ab 1938 durch Frauen, denn Männer in Frauenkostümen vertrugen sich nicht mit der aggressiven Abwehr von Homosexualität im NS-Staat.

Die Rosenmontagszüge als Massenveranstaltungen wurden missbraucht, um die Staatsideologie auf sinnenfrohe Weise unter das Volk zu bringen. Themen waren einerseits beispielsweise die Verunglimpfung der Weimarer Demokratie und außenpo-

Antisemitischer Motivwagen in Köln unter dem Motto: „Die Letzten ziehen ab", 1934.
Foto: Kölner Karnevalsmuseum, Josef Josuweck.

litischer Gegner, andererseits die Hitler-Verehrung.[14] Manche Wagen wirkten herrschaftsstabilisierend, indem sie Fremd- und Feindbilder erschufen und projizierten, die dem Staat eine archetypische paternale Beschützerrolle übertrugen. Bereits existierende Stereotypen und Erscheinungen kollektiver Angst und Hysterie gegenüber jüdischen Mitbürgern bedienten antisemitische Motivwagen, wie z. B. die „Jüdische Weltfinanz“ oder die „Jüdische Weltverschwörung“[15] oder das berühmte Beispiel aus Köln, der sogenannte „Pälastina-Wagen“ mit dem Transparent „Die Letzten ziehen ab“.[16]

Ein typisches Beispiel für Contested History / Memory[17] verbirgt sich hinter der sogenannten „Narrenrevolte“ aus Köln im Jahr 1935. Laut Selbstverständnis der Kölner nach 1945 haben sie sich allein durch ihre Lebenslust dem Totalitätsanspruch der NS erfolgreich widersetzt.[18] Bis in die 1990er Jahre hinein ist die „Revolte“ als revolutionäres Zeichen des Widerstands gegen eine „Gleichschaltung“ interpretiert worden.[19] Geschichtliche Schönfärberei verschleierte die Vergangenheit, indem z. B. Aufzeichnungen bewusst aus Chroniken Kölns herausgerissen und als „verschwunden“ deklariert wurden. Manche Karnevalisten, wie Thomas Liessem, stellten sich selbst nach Kriegsende als aktive Widerstandskämpfer dar.[20] Die neuere Forschung geht bei der „Narrenrevolte“ von einem Strategiewechsel der nationalsozialistischen Karnevalisten aus, die ihren Führungsanspruch gefährdet sahen.[21] Letztlich ging es um einen Machtkampf zwischen Wilhelm Ebel und Thomas Liessem. Ebel wollte mit der spontanen Gründung des „Vereins Kölner Karneval“ die Führung und Ausgestaltung des Kölner Karnevals an sich reißen.[22] Dieser sollte stärker kommerzialisiert und zum touristischen Ereignis entwickelt werden.[23] Kritische Stimmen sprachen von der

Umgestaltung in einen Zwangskarneval[24] und von einem angestrebten Bruch mit dem „traditionellen“ Karneval.[25] Doch Ebels Gegenspieler Liessem gewann die Unterstützung des Gauleiters Josef Grohé für sich. Ebels Pläne, unter anderem von einer Annäherung an den Münchner Karneval, wurden abgelehnt und die Gründung eines eigenen Vereins „Festausschuss des Kölner Karneval“ vorangetrieben.[26] Die öffentlich kaum wahrgenommene Einflussnahme durch die Nationalsozialisten äußert sich in ersten Beitrittsverboten für „Nichtarier“ in Karnevalsvereinen.[27] Gauleiter Grohé zog von nun an die Drähte im Hintergrund, beispielsweise indem er Vorgaben zur inhaltlichen Gestaltung der Motivwagen machte.[28]

Zusammengefasst lässt sich lediglich eine unvollständig gebliebene Einheitskonstruktion und Konstruktion von „Volksgemeinschaft“ im besonderen Hinblick auf den Karneval erkennen. Dies ist aus dem ausdifferenzierten Machtgefüge von Einheitsstaat und Regionalität heraus zu erklären, da hier grundlegend voneinander abweichende Interessen vorhanden waren, z. B. wie und ob der Freizeitcharakter bzw. die Kommerzialisierung des Karnevals den bürgerlichen Traditionscharakter verdrängen sollte.[29] Die heute noch zelebrierte Prinzenproklamation, eine Erfindung des nationalsozialistischen Regimes im Jahr 1936[30], veranschaulicht die gesellschaftlich trägen Mechanismen, Gewohnheiten trotz dunkler Vergangenheit beizubehalten, während andere, wie die „Narrenrevolte“, jahrzehntelang unter Verschluss gehalten wurden.

Es bleibt die Frage, wie heute die sogenannte „postfaktische“ Berichterstattung („post-truth“) im Kontext der obigen Ausführungen zu bewerten ist.

1 Vgl. Dietmar, Carl; Leifeld, Marcus: Alaaf und Heil Hitler. Karneval im Dritten Reich. Herbig. München 2010, S. 120ff.

2 Vgl. Leifeld, Marcus: Der Kölner Karneval in der Zeit des Nationalsozialismus. Eine Studie zur Interaktion von lokalen Herrschaftsträgern und Gesellschaftseliten. o.V. o. O. 2012. S. 72ff.

3 Vgl. Leifeld 2012, S. 98f.

4 Vgl. Leifeld 2012, S. 98.

5 Vgl. Leifeld 2012, S. 54; Dietmar/Leifeld 2010, S. 250.

6 Vgl. Dietmar/Leifeld 2010, S. 274ff.

7 Vgl. Dietmar/Leifeld 2010, S. 123f.

8 Vgl. Leifeld 2012, S. 407f.

9 Vgl. Dietmar/Leifeld 2010, S. 101f.

10 Vgl. Leifeld 2012, S. 386-389.

11 Vgl. Dietmar/Leifeld 2010, S. 102f.

12 Leifeld 2012, S. 405.

13 Vgl. Leifeld 2012, S. 406.

14 Vgl. Matzerath, Horst: Köln in der Zeit des Nationalsozialismus, 1933-1945. Greven. Köln 2009, S. 202.

15 Vgl. Dietmar/Leifeld 2010, S. 117.

16 Vgl. Dietmar/Leifeld 2010, S. 123.

17 Anmerkung: Gemeint ist eine Instrumentalisierung der Geschichtsschreibung, beispielsweise von Narrativen, die von Interessengruppen einverleibt und aus deren Perspektive widergegeben werden, vgl. hierzu Internationaler Museumstag ICOM 2017: „Museums and contested histories: Saying the unspeakable in museums“ (dt. „Spurensuche. Mut zur Verantwortung!“), vgl. www.museumstag.de [07.03.2017].

18 Vgl. Matzerath 2009, S. 199.

19 Vgl. Leifeld 2012, S. 77.

20 Vgl. Dietmar/Leifeld, 2010, S. 204ff.

21 Vgl. Leifeld 2012, S. 85.

22 Vgl. Dietmar/Leifeld 2010, S. 78.

23 Vgl. Matzerath 2009, S. 200.

24 Vgl. Leifeld 2012, S. 84.

25 Vgl. Leifeld 2012, S. 82.

26 Vgl. Leifeld 2012, S. 80-85.

27 Vgl. Leifeld 2012, S. 92f.

28 Vgl. Leifeld 2012, S. 95f.

29 Vgl. Leifeld 2012, S. 140.

30 Vgl. Dietmar/Leifeld 2010, S. 141f.

Karnevaleske Biographien

Simon Oppenheim, Hans Tobar und Max Salomon[1]

von Hellen Santana Silva

Nach der Gleichstellung der Juden 1797 gründete sich 1801 die Jüdische Gemeinde Köln. Juden nahmen seit Beginn des bürgerlichen Karnevals 1823 mit Selbstverständlichkeit sowohl am organisierten als auch am Straßenkarneval teil. Obwohl der Karneval kein jüdisches Fest ist, trug er durch die Kultivierung des Kölner Dialekts, der rheinischen Lebensart und lokaler Gebräuche zur Integration der Juden in Köln bei. In der ersten Hälfte des 19. Jahrhunderts waren Juden im Karneval nur vereinzelt aktiv, da nur wenige Juden in Köln wohnten. Eine genaue Dokumentation der Vereinsmitglieder ist erst in der zweiten Hälfte des 19. Jahrhunderts vorhanden. Der Karnevalsverein „Die roten Funken“ verfügt über besonders detaillierte Dokumentationen seiner Mitglieder. Mit der Wirtschaftskrise nach dem ersten Weltkrieg begann 1923 der Prozess der Ausgrenzung von Juden. Nach der Machtübernahme Hitlers und der Ideologisierung der deutschen Gesellschaft durch das NS-Regime wurden ab 1933 keine jüdischen Akteure mehr für karnevalistische Veranstaltungen gebucht. Etliche Juden emigrierten in die USA und pflegten dort die rheinische Karnevalstradition weiter.

Einer der ersten aktiven jüdischen Karnevalisten war Simon Oppenheim. Auch fiel er aufgrund seiner gesellschaftlichen Stellung im Kölner Großbürgertum auf. Am 5. Juni 1803 wurde er als ältester Sohn einer Bankiersfamilie in Köln geboren. Zusammen mit seinem Bruder übernahm er später die väterliche Bank mit großem Erfolg. Die Familie Oppenheim spielte eine große Rolle im gesellschaftlichen Leben der Stadt. Simon Oppenheim setzte sich unter anderem für die volle Gleichstellung von Juden ein. Obwohl er kein Mitglied des Festorden-Komitees war, fiel ihm schnell die zentrale Position der „Prinzessin Venetia" an der Seite des „Helden Carneval" zu. Im Kölner Dreigestirn stand die „Prinzessin Venetia" für die heutige Jungfrau und der „Held Carneval" für den heutigen Prinzen Karneval.

Hans Tobar wurde am 18. April 1888 in Köln geboren. Mit 14 Jahren machte er zunächst eine kaufmännische Ausbildung, um später als Handelsreisender über Land zu reisen. Schon früh entdeckte er seine Leidenschaft für die Bühne. Er spielte Theater, wirkte in der Oper als Statist und trat bei verschiedenen Veranstaltungen jüdischer und nicht- jüdischer Vereine auf. Mit 17 Jahren hatte er 1905 seinen ersten Auftritt auf der Bühne der Großen Kölner Karnevalsgesellschaft. Tobar blieb dort von 1910 bis 1914 als Protokollant aktiv. Jedes Jahr in der ersten Sitzung im Januar ließ er das vergangene Jahr auf humorvolle Art und Weise Revue passieren und in den folgenden Sitzungen fasste er dann jeweils die vorherige spritzig zusammen. 1914 hatte er seinen ersten Auftritt bei den Roten Funken und wurde Mitglied. Während des Ersten Weltkriegs trat er als Sanitätssoldat in Lazaretten auf. Nach dem Krisenjahr 1923 musste er aus finanziellen Gründen den Verein verlassen. 1924 heiratete er und bekam mit seiner Frau zwei Kinder. Die Sommermonate verbrachte die Familie auf Norderney, wo Tobar karnevalistische Sitzungen organisierte. Er arbeitete im „Arcadia – Künstlerspiele und Tanzpalast" und gründete die Karnevalsgesellschaft „Zoppeiröns". Im Herbst

Karnevalsorden der jüdischen Karnevalsgesellschaft „Kleiner Kölner Klub", Faksimile, Köln 1930.

und im Winter waren die Tobars in Köln, wo Hans die Fastnachtsrevuen vorbereitete. Er wurde zu einem der größten Bühnenkünstler. 1933 kam seine letzte Aufführung auf die Bühne, ohne dass sein Name erwähnt wurde. Sein Vertrag wurde nicht mehr verlängert. Bis 1936 trat er noch im jüdischen Kulturbund Rhein-Ruhr auf. Am 9. Dezember 1939 verließ er mit seiner Familie Deutschland und flüchtete nach

New York, wo er für die deutsche Gemeinschaft karnevalistische Programme aufführte. 1956 verstarb Hans Tobar.

Max Salomon wurde als Gründer und Präsident des Kleinen Kölner Klubs bekannt. Geboren am 3. Juni 1886 in Köln, arbeitete er dort später als Textilgroßhändler und brachte Schriften und Bücher heraus. Er trat bereits 1910 in der Bütt des KG Kuventsmöhne auf. Als Reaktion auf die ersten antisemitischen Tendenzen Anfang der 1920er Jahre gründete er den Kleinen Kölner Klub, den einzigen jüdischen Karnevalsverein. Dort versammelte er Familie und Freunde, aber auch Mitglieder aus nicht-jüdischen Kreisen. Mit seinem Bruder Willi stand er oft zusammen in der Bütt. 1933 wechselte Salomon zwangsweise zum jüdischen Kulturbund Rhein-Ruhr. Im November 1939 wanderte er nach Los Angeles aus, wo er rheinische Abende veranstaltete.[2]

---

1 Anmerkung: In folgendem Text beschränke ich mich auf den Kölner Karneval im 19. und 20. Jahrhundert und dessen bekannteste jüdische Karnevalisten.

2 vgl. Leifeld, Marcus: Der Kölner Karneval in der Zeit des Nationalsozialismus. Eine Studie zur Interaktion von lokalen Herrschaftsträgern und Gesellschaftseliten. o.V. o. O. 2012.

Jacob Mayer

Mundartdichter und Fastnachter aus Buchen

von Romana Wahner

Jacob Mayer wurde am 05.01.1866 in Buchen geboren und entstammte einer jüdischen Kaufmannsfamilie. Seine Eltern, Joseph und Henriette Mayer, führten in Buchen ein Geschäft für Damen- und Herrenmoden. Des Weiteren gehörte ihnen, zumindest zeitweise, ein eigener Postkartenverlag, darüber hinaus hatten sie den kommissarischen Vertrieb von Schulbüchern inne. Nach dem Tod seiner Eltern führte er, gemeinsam mit seiner

Jacob Mayer (mit Narrenkappe) und Mitglieder des Elferrates bei einem Fastnachtsumzug, 1927. Foto: Stadtkapellenchronik von Karl Tschamber 1924 – 1934, Privatbesitz.

Schwester, das elterliche Unternehmen weiter und vergrößerte das Sortiment. Jacob Mayer tat sich in Buchen als Mundartdichter hervor und schrieb viele Gedichte, beispielsweise zu Ehren der gefallenen Söhne Buchens im 1. Weltkrieg. Sowohl bei den jüdischen, als auch bei den christlichen Bürgern genoß er hohes Ansehen. Er nahm rege am gesellschaftlichen Leben seiner Stadt teil und war in zahlreichen Vereinen engagiert. Besonders stolz war Jacob Mayer, als einziger Jude zum Vorstand der elitären und renommierten „Casino-Gesellschaft" zu gehören. Viel Zeit widmete er der „Narrhalla", dem Fastnachtsverein seiner Heimatstadt. Er war Vorsitzender des Elferrates und gehörte seit dem Gründungsjahr 1888 der „Narrhalla" an. In den 1920er und frühen 1930er Jahren war er Ideenlieferant für sämtliche Fastnachtsveranstaltungen. Bei den Umzügen und Sitzungen war er stets dabei. „Lord Mayer" hatte auch das Privileg, im vordersten Festwagen des Faschingsumzuges zu sitzen. Oft nahm er bei den Umzügen, die meist unter einem bestimmten Motto standen, eine besondere Rolle ein. Als Beispiel kann hier der Fastnachtsumzug von 1895, unter dem Thema „Römer und Germanen", genannt werden, in dem Jacob Mayer als Konsul auftrat. Darüber hinaus schrieb er viele Karnevalslieder, die auch noch heute im Städtchen Buchen gesungen werden. Sein bekanntestes ist der Buchener Narrenmarsch „Kerl wach uff". Auch der Symbolfigur der Buchener Fastnacht, dem „Blecker", der gleichzeitig Wahrzeichen der Stadt Buchen ist, hat Jacob Mayer Fastnachtslieder gewidmet. Für sein Bemühen um die Buchener Fastnacht wurde er in der Presse regelmäßig gewürdigt. Zudem wurde er 1928 mit dem Narrenorden „Feurio" von der Mosbacher Fastnachtsgesellschaft ausgezeichnet. Nachdem Jacob Mayer als Präsident des Elferrates ausschied, wurde er zum Ehrenpräsidenten des Rates gewählt, wie das Buchener Volksblatt im Februar 1930 berichtet. Mit der Machtergreifung der Nationalsozialisten wurde er jedoch aus dem Faschingsverein ausgeschlossen. Der einst so integrierte Bürger vereinsamte und verarmte. Seine Verbundenheit mit Buchen hinderte ihn jedoch daran, die Flucht aus Deutschland anzutreten. Trotzdem war seine Verzweiflung so groß, dass er im Jahr 1940 freiwillig aus dem Leben schied.

Literatur

Strein, Jürgen; Trunk, Gerlinde: Jacob Mayer. Mundartdichter, Lokalpatriot und Chronist der Stadt Buchen. Buchen 2016.

Von Blauen Jüden, Schlappjüden und Wille Jeud

Die Judenfiguren der Rhöner Fastnacht

von Tabea Deiters

Die Anfänge des Rhöner Holzhandwerks liegen im 18. Jahrhundert. Die Rhön war aufgrund der durch die Höhenlage bedingten kargen Böden und ihres rauen Klimas kaum für den Getreideanbau geeignet. Die von Weidewirtschaft und Viehzucht lebende Bevölkerung war arm und das Holzhandwerk bot in den Wintermonaten die Möglichkeit eines Nebenerwerbs.[1] Um die Bevölkerung entsprechend auszubilden, wurde 1853 in Poppenhausen a. d. Wasserkuppe eine Holzschnitzschule errichtet. Diese wurde wegen der besseren Verkehrsanbindung 1862 nach Bischofsheim verlegt. Das Schnitzen hölzerner Fastnachtsmasken, das bis heute im Lehrplan enthalten ist, war für die Schnitzer eher ein Nebenerwerb, da die Masken ausschließlich von regionaler Bedeutung waren.[2]

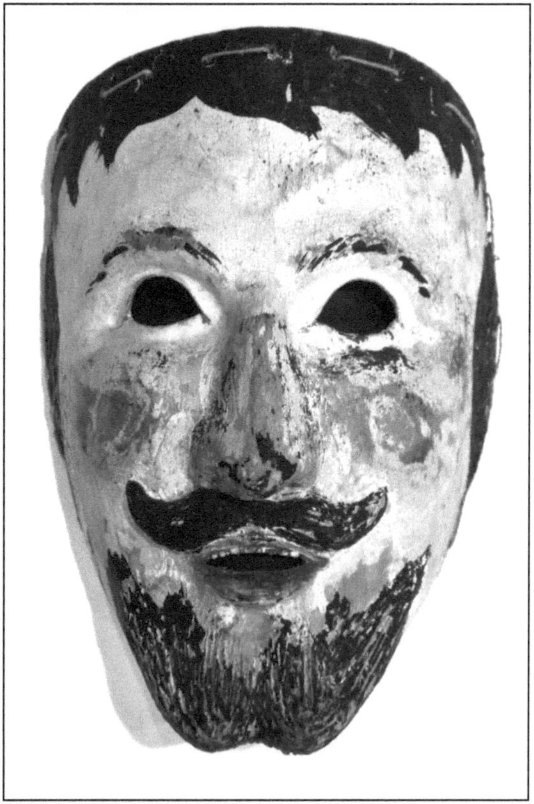

Maske eines Blauen Jüden, Sondernau/Rhön 1. Hälfte 20. Jh. DFM, Sammlung Professor Friedrich Münch.

Der Rhöner Brauch des Maskentragens zur Fastnacht reicht bis ins 19. Jahrhundert zurück und hat seinen Ursprung in der

Marktgemeinde Oberelsbach. Die ältesten erhaltenen Holzmasken stammen aus der Zeit der 1840/50er Jahre. Ein besonderer Maskentyp der Rhöner Fastnacht sind die *Jüden*-Masken. Diese stellen Juden dar oder parodieren sie. Im Lauf der Zeit haben sich verschiedene Typen herausgebildet.[3]

Die Blauen Jüden aus Weisbach

Maske (Rohling, teils gefasst) eines Blauen Jüden, Weisbach/Rhön 1960er Jahre. DFM, Sammlung Professor Friedrich Münch.

Ein besonderer Maskentyp, der auch heute noch zur Weisbacher Fastnacht gehört, ist der *Blaue Jüd*. Seine Maske stellt ein älteres, freundliches Jungengesicht dar. Dazu gehören blauer Leinenkittel, weiße Hose und Gamaschen bzw. schwarze Stiefel. Den Kopf bedeckt ein Filzhut, der mit Buchs und bunten Papierbändern geschmückt ist.[4]

Die Anführer der *Blauen Jüden* waren bis zum Ersten Weltkrieg die Figuren des *Aaron* und des *Moses*. Die Figur des *Aaron* existierte noch bis zum Zweiten Weltkrieg, verschwand danach aber.[5] *Moses* und *Aaron* unterschieden sich von denen der *Blauen Jüden* durch eine dunklere Färbung und die Barttracht. Auch die Kleidung war anders als die der Blauen

Jüden. Die beiden Anführer trugen schmucklose Hüte und hatten Schafsfelle umgebunden.[6]

Nach Walter Stolle, der sich auf die Beschreibungen des Weisbacher Schnitzers Otto Geis bezieht, gehen die Masken der *Blauen Jüden* auf ein historisches Volksschauspiel mit dem Titel *Der Auszug der Kinder Israel aus Ägypten* zurück. Der Urgroßvater von Otto Geis, Eugen Hergenhahn, soll damals die erste Aaron-Maske für dieses szenische Spiel geschnitzt haben. Diese Maske ist – im Gegensatz zu der des Moses – bis heute erhalten. Aufgrund der Lebensdaten Eugen Hergenhahns, sowie der des ersten Besitzers der Aaron-Maske, Dominik Reulbach, lässt sich der Beginn des *Jüdebrauchs* auf die Zeit zwischen 1875 und 1885 datieren. Dies wird auch von den ältesten erhaltenen Masken der *Blauen Jüden* bestätigt.[7]

Maske eines Blauen Jüde, Weisbach/Rhön 1. H. 20. Jh. DFM, Sammlung Professor Friedrich Münch.

Die Bräuche um die *Blauen Jüden* waren folglich keine antisemitische Verspottung. Dies wird einerseits, laut Walter Stolle, von Gewährsleuten mit Erinnerungen an die Zeit vor dem Zweiten Weltkrieg bestätigt, andererseits ist überliefert, dass sich selbst der jüngste Sohn der letzten Weisbacher Judenfamilie, Albin Lichtstern (1902-1975), in den Jahren vor und kurz nach dem Ersten Weltkrieg als *Blauer Jüd* verkleidete. Lichtstern wurde, nach Walter Stolle, von Verwandten als selbstbewusster Jude charakterisiert, der niemals eine Maske mit antisemitischer Botschaft getragen hätte.[8] Zudem schreibt Friedrich Münch in seinem Manuskript, das die *Jüden* im Ort als „stolz und schön" bezeichnet würden und auch tatsächlich sehr prächtig und wirkungsvoll aussähen.[9] Aussagen heutiger Weisbacher, dass es sich um eine Verspottung der Juden handeln würde, gingen somit vermutlich auf die NS-Propaganda ihrer Kindheit zurück. [10]

Maske des Mose, Weisbach/Rhön 2. H. 19 Jh. DFM, Sammlung Professor Friedrich Münch.

Die Weisbacher *Schlappjüden*

Im Gegensatz zu den *Blauen Jüden* handelt es sich bei den *Schlappjüden* um Juden parodierende Masken. Sie stellten vermutlich keine ansässigen Juden, sondern von außerhalb kommende Betteljuden und vielleicht auch jüdische Viehhändler dar. Die *Schlappjüden* waren jedoch weniger häufig vertreten als die *Blauen Jüden* und sind heute fast vollkommen aus der Weisbacher Fastnacht verschwunden.[11]

Für die *Schlappjüden* wurde entweder die gleiche Holzmaske wie bei den *Blauen Jüden* oder eine Maske mit beweglichem Unterkiefer verwendet. Dazu trug man eine alte Jacke oder einen Mantel, als Gürtel diente ein umgebundenes Strohseil oder eine Kette. Ein ausgestopfter Buckel und ein schäbiger Hut vervolltändigten die Maskerade.[12]

Die *Wille Jeud* (Wilden Juden) aus Wargolshausen

Die *Wille Jeud* stellen wahrscheinlich, ähnlich wie die Weisbacher *Schlappjüden*, eine Parodie auf jüdische Bettler und Wanderhausierer dar, da Wargolshausen keine eigne Judengemeinde besaß. Die Maske war relativ groß und meistens grob und laienhaft ausgeführt. Sie wurde englisch-rot, rotbraun oder gelblich gefasst und hatte eine lange Hakennase, starke Stirnfalten, Augenwülste, einen Schnurrbart, einen Mund mit sichtbarer unterer Zahnreihe und Grübchen im Kinn. Ferner zierte sie ein langer, teilweise geteilter Bart, der unterhalb des Kinns ansetzte.[13]

Die Kleidung bestand aus einem alten Mantel, der mit einem Strohseil gegürtet wurde, und einem spitzen, aus Stroh geflochtenen Hut, der die Judenhüte des Mittelalters karikierte. Die *Wille Jeude* trugen eine Viehkette, einen Stecken und

Die Schlappjüden in Oberelsbach, Originalskizze von Friedrich Münch, Sammlung Prof. Friedrich Münch.

einen leeren, schmutzigen Sack, in den sie Kinder steckten, oder die Zuschauer beschmutzten.[14]

In Wargolshausen stammt der Brauch des Tragens von Judengesichtern vermutlich aus dem 19. Jahrhundert und es spricht, laut Walter Stolle, einiges dafür, dass die Jüden Weisbachs das Vorbild waren. Heutzutage spielen die *Wille Jüd*, ebenso wie die *Schlappjüden*, keine große Rolle mehr in der Rhöner Fastnacht.[15]

Kostüm des Blauen Jüden, Weisbach /Rhön, Leihgabe Rhöner Holzschnitzerei Thomas Eyring.

1 STOLLE, Walter, Geheimnisvolle Masken aus der Rhön. Von jüdischen und christlichen Bartmännern; eine Ausstellung des Hessischen Landesmuseums Darmstadt in der Außenstelle Lorsch, 6.2.2005 bis 18.9.2005, Darmstadt 2005, 21f.

2 ebd., 22-24.

3 ebd., 43.

4 ebd., 51, 55f.

5 ebd., 51, 73.

6 STOLLE, Walter (wie Anm. 1), 52–55; BÖHM, Elke; KAISER, Anton; POSS, Rolf, Masken. Volkskunst und Brauchtum der Rhön, München 2002, 30.

7 STOLLE, Walter (wie Anm. 1), 52–54; ALBERT, Reinhold, Chronik von Oberelsbach. Staatlich anerkannter Erholungsort; 812 - 2012; 1200 Jahre, Oberelsbach 2012, 401.

8 STOLLE, Walter (wie Anm. 1), 56-58.

9 MÜNCH, Friedrich, Masken in der Rhön, Unveröffentlichtes Manuskript 1979. Leider fehlen im Manuskript die Seitenzahlen.

10 STOLLE, Walter (wie Anm. 1), 58f.

11 ebd., 60.

12 STOLLE, Walter (wie Anm. 1), 60; Münch (wie Anm. 8).

13 STOLLE, Walter (wie Anm. 1), 70.

14 ebd., 70, 81.

15 ebd., 67-70.

Museumspädagogik in jüdischen Museen und in der Sonderausstellung „jüdisch jeck"

von Sandra Weigel

Museen sind Aufbewahrungsorte und zugleich Fundgruben für materielle Kultur. Diese wird in einem Museum gesammelt, ausgestellt, erforscht und bewahrt. Gleichzeitig besteht die Aufgabe der Museen auch darin, Bildung zu vermitteln. Dieser Bildungsauftrag reicht jedoch weit über die bloße Wissensvermittlung eines Objektes hinaus. Auch die Eingebundenheit in die soziokulturelle Umgebung des Objektes ist von Bedeutung. Um dem Besucher dieses Wissen näher zu bringen, verfügen die meisten Museen über unterschiedliche pädagogische Angebote. Diese sind oftmals in besucherspezifische Konzeptionen unterteilt. Neben speziellen (Weiter-)Bildungsangeboten für Erwachsene, bieten Museen auch für Gruppen, wie beispielsweise Schulklassen, eigene Konzepte an.

Besonders für jüngere Besucher bietet die Museumspädagogik eine gute Grundlage, um die mitunter komplexen Inhalte einer Ausstellung kindgerecht aufzuarbeiten. Da Kinder anders lernen als Erwachsene, ist es für diese Besuchergruppe besonders wichtig, die Bildungsinhalte so aufzubereiten, dass auch Kinder Spaß an einem Besuch im Museum haben und dieses als einen faszinierenden und anregenden Ort erleben können. Dazu ist es wichtig, dass Kinder Themenkomplexe eigenständig erforschen und entdecken können. Spiel- und Experimentierstationen, bei denen Objekte auch angefasst und ausprobiert werden können, sind daher ideal zur Wissensvermittlung.

Um einen Einblick in die jüdische Kultur zu bekommen und diese besser kennenzulernen, haben die verschiedenen jüdischen Museen zahlreiche individuelle Konzepte ausgearbeitet, um gerade Kinder näher an das Thema heranzuführen. Grundlegend gibt es bei allen Museen ähnliche Ansatzpunkte für die Wissensvermittlung.

Um das jüdische Leben besser kennenzulernen, steht dabei hauptsächlich die Auseinandersetzung mit dem jüdischen Alltagsleben im Mittelpunkt. Dabei taucht häufig die Frage auf, was „Jüdisch-sein" eigentlich bedeutet? In der Tora finden sich über 600 Gebote sowie Verbote, welche die großen und kleinen Ereignisse des jüdischen Lebens im Alltag und an Festtagen prägen. Was sind diese Regeln und warum gibt es sie? Warum essen manche Juden/Jüdinnen „koscher" und was bedeutet das eigentlich?

Um diese Fragen zu beantworten, erarbeiten sich die Kinder gemeinsam mit einer/m Museumspädagogin/en oft anhand praktischer Gegenstände, wie einer Kippa, einem Gebetsschal oder einem anderen kulturellen Objekt, welcher von den Kindern angefasst werden kann, die Grundlagen des Judentums. Dabei können sowohl auf den Alltag als auch auf den gesamten Lebenszyklus von der Geburt bis zur Beerdigung Bezüge gesetzt werden.

Für ältere Kinder im Schulalter bietet es sich nach einer Einführung in das Judentum an, zu dem Thema „Religion(en)" weiter zu arbeiten. Das Synagogenmuseum Ermreuth bietet beispielsweise eine Dialogführung anhand verschiedener Stationen in der Synagoge und im Museum an, bei der die Schnittstellen zwischen Judentum und Christentum herausgearbeitet werden. Das Jüdische Museum Berlin bietet ein ähnliches Konzept an, bei welchem ebenfalls die Vielschichtigkeit innerhalb der unterschiedlichen Religionen des Judentums, des Christentums und des Islams aufgezeigt wird. Somit sollen die Schüler durch praktisches Arbeiten nah an religiöse Inhalte herangeführt werden. Die Museen werden auf diese Art und Weise zu einem Ort für Begegnung und kommunikative Auseinandersetzung.

Die museumspädagogischen Konzepte orientieren sich zudem häufig an dem jüdischen Festkalender. Die Kinder lernen so die Bedeutung und Bräuche der großen jüdischen Feiertage im Jahreskreislauf kennen, und nehmen die dazu ausgestellten Museumsobjekte, wie beispielsweise die Menora, genauer unter die Lupe. Dabei sollen die Kinder lernen, dass die traditionellen Feste Anlässe dafür geeignet sind, dass Menschen zusammenkommen und miteinander feiern. Die unterschiedlichen jüdischen Feste (Rosch ha-Schana, Jom Kippur, Chanukka, Purim, Pessach) bieten zudem Anknüpfungspunkte für die Museen, spezielle Veranstaltungen zu einem Thema anzubieten. Das Jüdische Museum Wien lädt seine Besucher dazu ein, die unterschiedlichen jüdischen Feste gemeinsam im Museum zu feiern. Das Wissen um den Anlass und den Ablauf eines jeden Festes wird dabei mit Geschichten und bestimmten Objekten, wie beispielsweise den typischen Purim-Ratschen, verknüpft. Das Jüdische Museum in Wien lud aus aktuellem Anlass zum Feiern des „Purim Festes" ein. Traditionell wird an Purim die Geschichte der mutigen Königin Esther als interaktives Theaterstück gespielt. Für Kinder hält das Museum ein beliebtes Purim-Spiel bereit und gibt den Kindern die Möglichkeit, in eine Rolle zu schlüpfen und so selbst ein Teil des Stücks zu werden.

Das Purimfest erinnert an die Geschichte der Königin „Esther", welche durch ihren Mut und klugen Verstand ihr Volk vor dem Schurken „Haman" rettete. Vorgelesen wird die Geschichte aus der Esther-Rolle. Traditionell wird dabei die Geschichte nachgespielt. Immer wenn der Name „Haman" beim Vorlesen der

Geschichte genannt wird, machen die Zuhörer Krach mit den sogenannten „Purim-Ratschen“. Purim ist ein sehr ausgelassenes Fest und die Kinder verkleiden sich bei dieser Gelegenheit. Das Purimfest findet jedes Jahr zwischen Februar und März statt, knapp zwei Wochen nach Fasching. Nicht nur das Verkleiden der Kinder an Purim ähnelt dem Brauch, sich zur Fastnacht zu verkleiden. Bei genauem Hinsehen, lassen sich weitere Parallelen zwischen Purim und Fasching finden. Die Lust an der Ausgelassenheit und am Verkleiden findet sich in fast allen Kulturen weltweit und ist Bestandteil unterschiedlicher Festbräuche. In der christlich geprägten Welt kommen diese in der Fastnacht zum Ausdruck, im jüdischen Kulturkreis im Purimfest.

Die Sonderausstellung „jüdisch jeck, Fastnacht und Purim – eine Annäherung“, untersucht die traditionellen Bräuche der beiden Feste und verweist dennoch auf deren unterschiedliche Wurzeln. Neben verschiedenen Leihgaben wie den Purim-Ratschen, einer Esther-Rolle oder traditionellen Rhönmasken werden auch die jüngeren Besucher an das Thema der Sonderausstellung herangeführt. In der Ausstellung bietet eine Spielecke mit einem Spielzelt den Rahmen für den Bereich, in dem Kinder mehr über das Purimfest erfahren können. Hier ist eine Lese-Ecke eingerichtet. Dort können sich die jüngeren Besucher in einer ruhigen Atmosphäre eigenständig verschiedene Kinderbücher rund um das Thema „Judentum“ ansehen oder diese gemeinsam mit ihren Eltern lesen.

Das Purimfest bildet, auch in der Sonderausstellung, die Brücke zwischen der Fastnacht und dem Jüdischen. Die Esther-Geschichte bildet den Hauptbestandteil des Festes und wird jedes Jahr begeistert von den verkleideten Kindern in den jüdischen Synagogen mitverfolgt, daher werden auch in der Ausstellung einige orientalische Kostüme zur Verfügung stehen. Die Kinder können so selbst als Protagonisten der Geschichte auftreten und diese nachspielen.

In einer großen Vitrine werden in Form eines „Dioramas“ verschiedene Szenen aus der Esther-Geschichte dargestellt mit Miniatur-Puppen des jüdischen Puppentheaters „bubales“. Das erste jüdische Puppentheater Berlins hat es sich zur Aufgabe gemacht, mit seinen frechen Stoffpuppen, einer mobilen Theaterbühne und coolen Songs seinem Publikum die jüdischen Feiertage, Traditionen und Witze näher zu bringen. Im Rahmen der Ausstellung wurden zwei Schulaufführungen der „bubales“ mit dem Stück „Die schlaue Esther“ gezeigt. Das Theaterstück, welches vor allem Kindern einen Einblick in die jüdische Kultur ermöglicht, ist so konzipiert, dass Jung und Alt Spaß daran haben und darüber hinaus etwas lernen können. Die „bubales“ sind damit nicht nur für Kinder ein spannendes Erlebnis.

Quellenangaben [alle Stand: 10.02.2017]

Deutscher Museumsbund: http://www.museumsbund.de/de/das_museum/geschichte_definition/definition_museum/

Museumspädagogik: http://www.bildungsserver.de/Konzepte-von-Kindermuseen-und-Museumspaedagogik-3194.html

http://www.museumspaedagogik.org/projekte/archiv/museen-und-kindergaerten.html

Jüdisches Museum Wien: http://www.jmw.at/de/fuer-kinder-und-familien

Jüdische Synagoge und Museum Ermreuth: http://www.synagoge-museum-ermreuth.de/Museumspaedagogik.html

Jüdisches Museum Berlin: https://www.jmberlin.de/programme-fuer-kinder

https://www.jmberlin.de/schule

„bubales“, Jüdisches Puppentheater Berlin: http://bubales.de/bubales.html

Nachwort

von Hans Driesel

Ende gut, alles gut. Dies gilt nicht nur für diese Broschüre, sondern auch für die nunmehr fertiggestellte Präsentation der Sonderausstellung zum Thema „jüdisch jeck – Fastnacht und Purim, eine Annäherung". Annäherung, das heißt hier: Zusammen zwei Feste näher betrachten, die zwar ein gemeinsames Erscheinungsbild, aber höchst unterschiedliche Wurzeln haben.

Als ehemaliger Leiter des Deutschen Fastnachtmuseums und heute dessen künstlerischer Begleiter, freue ich mich über die Kooperation zwischen dem Förderverein ehemalige Synagoge Kitzingen e.V. und dem Deutschen Fastnachtmuseum. Beide Institutionen thematisieren und präsentieren in schöner Gemeinsamkeit jüdisch-christliche Festkultur am Beispiel von Purim und Fastnacht.

Mein besonderer Dank gilt Museumsleiterin Daniela Sandner und unserer Mitarbeiterin Romana Wahner für die monatelange akribische Arbeit zur Vorbereitung und Ausführung der Sonderausstellung. Ein herzliches Dankeschön auch an den Förderverein und seine Erste Vorsitzende, Frau Margret Löther, die uns so manche Türe geöffnet hat.

Der Ausstellung wünsche ich zahlreiche interessierte Besucherinnen und Besucher.

Herstellung und Verlag:
BoD - Books on Demand, Norderstedt
ISBN 978-3-7448-1504-8